PUBLICATION DE LA RÉUNION DES OFFICIERS
(Extrait du Bulletin.)

LE

MARÉCHAL BLÜCHER

D'APRÈS SA CORRESPONDANCE

PAR

P. CONCHARD VERMEIL

CAPITAINE AU 130ᵉ RÉGIMENT D'INFANTERIE

PARIS

LIBRAIRIE MILITAIRE DE J. DUMAINE

LIBRAIRE-ÉDITEUR

Rue et Passage Dauphine, 30

1877

LE MARÉCHAL BLÜCHER

D'APRÈS SA CORRESPONDANCE

Paris. —Imprimerie de J. DUMAINE, rue Christine, 2.

LE
MARÉCHAL BLÜCHER

D'APRÈS SA CORRESPONDANCE

PAR

P. CONCHARD VERMEIL

CAPITAINE AU 130ᵉ RÉGIMENT D'INFANTERIE

PARIS
LIBRAIRIE MILITAIRE DE J. DUMAINE
LIBRAIRE-ÉDITEUR

Rue et Passage Dauphine, 30

—

1877

LISTE DES OUVRAGES CONSULTÉS.

Général de Colomb.	*Blücher et ses lettres sur les campagnes de 1813-1815.*
Muffling.	*Histoire de la campagne de 1815.*
	Mémoires de ma vie.
Varnhagen von Ense.	*Vie de Blücher.*
Thiers.	*Histoire du Consulat et de l'Empire.*
Fézensac.	*Mémoires.*
Charras.	*Campagne de 1815.*
Colonel Chesney.	*Waterloo.*

Bulletins de la Grande Armée.

AVANT-PROPOS

Bien que cette petite étude ait paru dans le *Bulletin de la Réunion des officiers* dès le mois de mars dernier, nous n'avons pas voulu lui donner à ce moment une plus grande publicité, pour éviter de nuire aux *Lettres de Blücher*, dont M. le général prussien de Colomb s'était réservé le droit de traduction. Devançant, en effet, le traducteur, nous avions cité un certain nombre de ces lettres en totalité ou en partie.

Nous offrons aujourd'hui notre travail aux lecteurs, trop heureux si nous réussissons à leur faire connaître et apprécier à sa juste valeur une des figures les plus originales du XIXe siècle. La popularité de Blücher, si peu

connu en France, est immense en Allemagne
et même en Angleterre. Vingt auteurs étrangers ont écrit sa biographie. Nos savants
l'avaient dédaigné. Et pourtant quelle n'a pas
été la part du vieux maréchal dans nos désastres
de 1813 à 1815 ! C'est à ce point de vue que
nous présentons l'histoire abrégée des trois
dernières campagnes de l'ère impériale. Puisse
le lecteur juger lui-même et achever ce que
nous n'avons fait qu'esquisser !

Paris, juillet 1877.

LE MARÉCHAL BLÜCHER

D'APRÈS SA CORRESPONDANCE

CHAPITRE PREMIER

SOMMAIRE.

Blücher jusqu'à la campagne de 1813. — Réputation de Blücher en France. Ce qu'il est pour la Prusse et pour l'Allemagne. Caractère de ses lettres. Sa lettre au roi Frédéric-Guillaume III (9 octobre 1809). Il est disgracié (1811-1813).

On trouve, dans l'histoire, des hommes qui résument une époque ; on en trouve bien peu qui résument une nation, et qui, disparus de la scène du monde, restent comme l'incarnation vivante des instincts, des passions et des sentiments patriotiques de tout un peuple. Le maréchal Blücher a été un de ces hommes pour la Prusse, et à ce titre, plus encore qu'à tout autre, il mérite d'être étudié.

Pour nous Français, Blücher est un soldat

vigoureux et intrépide, mais grossier, un général plutôt heureux qu'habile, venu à point pour triompher, par le nombre, des jeunes troupes de Leipzig et de Waterloo.

En Allemagne, Blücher c'est l'esprit de l'armée, le cœur du peuple, l'âme de la patrie. C'est la revanche des défaites passées, c'est la victoire. Son nom signifie indépendance et liberté. Oui, Blücher est pour l'Allemagne le soldat héroïque, le grand capitaine et aussi le grand patriote. Il est le génie de la Prusse. Réveillé par la guerre de 1870 dans le tombeau où il dormait depuis plus de quarante années, il en est sorti comme l'empereur Barberousse, il a levé son épée et il a crié *Vorwärts !* (1) et, comme le *Dieu le veut* d'un siècle éloigné, tous ont répété le cri de guerre du vieux héros, *Vorwärts !* Lui-même il a animé les légions allemandes de son souffle, il les a électrisées de ses colères, et, d'un geste puissant, leur a montré la route qu'elles devaient suivre de l'autre côté du Rhin. Ou plutôt non : il s'est mis en per-

---

(1) *Vorwärts !* signifie : En avant !

sonne à leur tête, il a marché, combattu et triomphé avec elles.

Voilà l'homme légendaire que nous voulons faire connaître. Une biographie ne dit pas tout. C'est dans la vie privée, dans la correspondance intime qu'il faut aller fouiller, pour prendre le naturel sur le fait. Aussi allons-nous mettre à contribution les lettres de Blücher à sa seconde femme, Amélie de Colomb, pendant les campagnes de 1813, 1814 et 1815, et dont le général-lieutenant de Colomb vient de publier l'intéressant recueil. Nous aurons, en même temps, la bonne fortune d'y trouver des renseignements originaux sur les grands événements qui remplirent les trois dernières années de l'ère impériale.

« Ces lettres, dit le général de Colomb, qui montrent cette grande figure dans tout son éclat, sont d'un intérêt vraiment général, puisque Blücher fut le favori et comme la propriété du peuple. Elles expriment d'une façon aussi simple qu'éclatante le respect profond qu'il porte au roi, son maître, l'amour de l'armée et de la patrie. La conviction intime de la justice de sa cause, la confiance inébranlable dans l'idée de Dieu, le sentiment de sa valeur et de la puissance de sa volonté se manifestent à chaque instant en termes énergiques. Puisse le héros immortel se défendre lui-même et convaincre d'erreur ceux qui n'ont voulu voir en lui qu'un soldat héroïque ! »

Curieux recueil que celui de ces lettres écrites pour sa femme au milieu des fatigues de la guerre, sous l'impression encore chaude du combat, auquel il prenait souvent une part si active ! La correction s'en ressent : le même mot écrit de deux ou trois façons différentes montre l'homme plus attaché au fond qu'à la forme. Une orthographe des plus fantaisistes est bien le fait de ce soldat de naissance. La guerre ne lui a pas laissé le loisir d'étudier la grammaire. Aussi, pas de phrases; la pensée est rendue en peu de mots le style coupé. La ponctuation oubliée ajoute encore à cette diction originale et d'une concision toute militaire : c'est la lettre intime, écrite sans aucun apprêt, et qu'on est pressé de faire partir. Ses autres lettres, les discours et proclamations se font remarquer par une correction peut-être étrangère au héros. Mais l'idée y est noble et fière, le ton franc et énergique, le style entraînant et passionné. Le cœur d'un jeune homme bat toujours dans ce corps de vieillard.

Les désastres de 1806 avaient fait une impression profonde sur l'âme de Blücher. Vaincu à Auerstädt, pris à Lübeck, après une résistance désespérée, il avait reçu, après sa mise en liberté, le commandement des troupes de Poméranie. Le traité de Tilsitt lui enleva ses dernières espérances. Il en fut tellement affecté, qu'il tomba gravement malade ; mais son énergie et sa constitution vigoureuse triomphèrent de la maladie. Il était, en 1809, complétement rétabli, au grand déplaisir de ses ennemis, « ces messieurs de Königsberg », comme il les appelle.

« On avait dit au roi, écrit-il dans une lettre adressée à son ancien aide de camp, le comte de Goltz, que j'avais blanchi, que mes facultés intellectuelles avaient beaucoup diminué. Mais le vieux chirurgien général Gerke a affirmé qu'il n'y avait pas de général plus valide que moi, et le roi, complétement désabusé, me traite, comme toujours, avec une entière confiance. »

Il avait donc su triompher de la cabale de Königsberg, confondre ses ennemis et conserver près de son souverain l'influence que lui avaient value ses bons services et son dévouement inaltérable. Fier de sa victoire sur les politiqueurs et ardent à effacer l'outrage d'Iéna, il osait, au lendemain même de Wagram, écrire au roi Frédéric-Guillaume la lettre suivante :

« Stargard, le 9 octobre 1809.

« Très-gracieux roi !

« C'est avec la plus profonde douleur qu'il me faut annoncer à Votre Majesté Royale la nouvelle de la conclusion du traité si préjudiciable aux intérêts de l'Autriche. Le malheur qui nous menace est effrayant, car Napoléon a, paraît-il, manifesté l'intention de faire rentrer lui-même les contributions en retard.

« Il y a quelques mois encore, Votre Majesté Royale pouvait, par une détermination hardie, faire pencher la balance du côté du salut des peuples. Qu'il m'a été douloureux, Sire, de voir rejeter la prière respectueuse que je vous pressais d'agréer, avec l'expression d'un sincère et entier dévouement !

« La réoccupation de la plus grande partie des États de Votre Majesté Royale par les Français n'est pas douteuse. Nous aurons le sort de la Hesse et serons supprimés d'un trait de plume de Napoléon. Nous n'avons donc rien à perdre, car une mort honorable est préférable à une existence marquée d'une flétrissure publique. Votre Majesté Royale peut encore sauver, Elle, la famille royale et le pays, en nous mettant les armes à la main. Avec des ressources bien moindres, le grand Frédéric sut maintenir l'intégrité de ses États. Votre Majesté Royale peut, en effet, compter sur une armée de 60,000 hommes, sur un nombre égal partie exercés, partie en état de porter les armes, et sur le pays tout entier, qui assurément aimera mieux combattre pour son souverain et mourir à sa voix que porter le joug de l'étranger. Toute l'Allemagne, dont la liberté dépend uniquement de Votre Majesté Royale, peut et voudra faire cause commune avec nous. Que ne ferions-nous pas, si notre roi voulait seulement se dire nôtre, combattre avec nous et préférer la mort au déshonneur ! Pour moi, qui resterai fidèle à mon roi légitime jusque dans la mort, puissé-je périr, si nous n'obtenons pas gain de cause, en marchant droit !

« Je demande à Votre Majesté Royale de vouloir bien écouter mon humble prière et de la recevoir telle que je la porte à vos pieds, avec la franchise d'un homme allemand. Que Votre Majesté Royale me fasse la grâce de me faire connaître la réponse par le porteur. Nous pouvons très-bien, très-facilement faire un pas important par la prise de Stettin. Mais, si nous perdons du temps, la garnison sera renforcée. Elle est maintenant de 1,900 hommes avec les malades et sans cavalerie, en grande partie de troupes allemandes.

« Dans tous les cas, je prie Votre Majesté Royale de me donner ses instructions. Que dois-je faire des troupes de la Marche, où dois-je les envoyer, si l'ennemi réoccupe Berlin, et que ces troupes viennent dans mon gouvernement ? Toutes ces choses, que je crois utile de prévoir, ne doivent pas nous surprendre, et je ne voudrais pas agir contre les intentions de Votre Majesté Royale.

extérieur sauvage, était donc aussi sociable que
qui que ce fût, fort attaché à sa famille et à ses
amis et point ennemi du beau sexe. Il n'oublie
jamais dans ses lettres ses vieux amis, Heine et
Stössel. Il sut inspirer de l'attachement à ses
officiers : le comte de Goltz, depuis ambassadeur
à Paris, fut trois fois son aide de camp ; le comte
Nostitz ne le quitta qu'à la mort. Les soldats
l'adoraient pour son courage intrépide, sa justice et le souci qu'il prenait de leurs intérêts et
de leurs besoins. Nul général ne fut plus popu-
laire. Fort estimé du roi, mais mal vu des
courtisans, il n'en plaisait que plus aux soldats
et au peuple. Ses victoires mêmes ne purent toujours fermer la bouche à ses ennemis. Souvent
contrarié dans ses plans, il força par son obsti-
nation et son audace les alliés à le suivre. Tout
le monde tremblait devant le César français.
Lui seul osa le regarder en face et l'attaquer
corps à corps. Il ne parut jamais douter du succès.

Dans sa première lettre, nous voyons quelles
étaient à l'origine les dispositions des Saxons
et comment ses proclamations et les mesures
qu'il avait prises étaient jugées à Breslau, où
s'était retirée la famille royale.

« Je suis arrivé hier à Dresde, et mes troupes passent aujourd'hui et demain l'Elbe. Je pense en venir bientôt aux mains avec les Français. Je suis ici littéralement écrasé sous les compliments, mais il semble que c'est là la seule chose que les Saxons doivent nous donner de bon gré...

« Je ne crois pas que l'on soit content à Breslau, c'est-à-dire dans l'entourage du roi, de ma manière d'agir en Saxe. Mais je ne m'en inquiète guère : la fin justifie les moyens. »

Le 12 avril il était à Colditz, d'où il nous donne des nouvelles de la guerre.

« Nous avançons sans rien faire de considérable, mais des événements décisifs se préparent. Les Français ont rassemblé de nombreuses troupes à Erfürt et à Würtzbourg, et l'on attend ce qu'ils vont faire. A Magdebourg, ils ont déjà reçu une leçon. Mon ami Dornberg les a également bien accueillis à Lünebourg. La Westphalie est en pleine insurrection.

« Frantz se dirige aujourd'hui vers Weimar et trouvera certainement à parler avec l'ennemi. »

L'échec insignifiant de Lünebourg avait été bien vite réparé par l'avant-garde du prince d'Eckmühl et Magdebourg dégagé par le vice-roi. Quant à son fils, Blücher prévoyait juste. On lit, en effet, dans le *Moniteur de l'Empire français* : « Le premier coup de sabre qui a été donné, à ce renouvellement de campagne à Weimar, a coupé l'oreille au fils du général de Blücher. »

Le 28, l'empereur Napoléon arrivait dans cette ville : il avait environ 110,000 hommes sous ses ordres, sans compter les troupes du prince Eugène.

Malgré les nouvelles que lui apportaient ses coureurs, qui battaient la campagne du Hartz, jusqu'à Eschwege et Gotha, sur les derrières des Français, Blücher conservait une confiance inaltérable. Il écrivait à sa femme :

« Si tu as du goût à voyager, pars avec Fritze et une femme de chambre, bien entendu sans Amélie, va à Dresde, de là à Leipzig, et bientôt après à Francfort-sur-le-Mein. Nous sommes dans la belle saison, et en juin vous pourrez aller dans une ville d'eaux et visiter Münster. »

Le 22, il est à Altenbourg et écrit :

« Tu dois t'étonner que le corps de Blücher fasse si peu parler de lui. Ma maladie (la fièvre) en est cause, ainsi que le retard des Russes, qui ne m'ont pas permis d'agir comme je le voudrais. »

Cependant Napoléon, à peine arrivé sur le théâtre de la guerre, prenait vigoureusement l'offensive. Les brillants combats de Weissenfels (27 avril et 1er mai) lui ouvraient la route de Leipzig et enflammaient d'ardeur ses jeunes troupes. Le 2 mai, il livra la bataille de Lützen dans des plaines déjà célèbres. Les villages de Kaïa et de Gorschen, au centre de la position française, furent pris et attaqués six fois ; ils restèrent enfin aux mains des Français. Blücher, blessé au côté, se fit appliquer un léger pansement, revint au combat et profita de l'obscurité pour tenter une dernière attaque avec sa cavalerie. Ce fut en vain. Les armées alliées furent obligées de repasser l'Elbe, avec une perte de 15,000 hommes. Elles allèrent occuper les positions de Bautzen.

La belle conduite de Blücher ne passa pas inaperçue. Le roi Frédéric-Guillaume lui écrivit aussitôt pour le remercier et le féliciter, et l'empereur Alexandre lui envoya, avec une lettre des plus flatteuses, les insignes de la 2e classe de l'ordre de Saint-Georges.

Les souverains alliés, dans leurs dépêches, présentent comme une victoire pour eux la bataille de Lützen. La réoccupation de Dresde par les Français leur donnait cependant un démenti formel.

Quant à l'Empereur, dans sa proclamation, il félicite l'armée en ces termes :

« Soldats ! vous avez ajouté un nouveau lustre à la gloire de mes aigles. La bataille de Lützen sera mise au-dessus des batailles d'Austerlitz, d'Iéna, de Friedland et de la Moskowa. »

Le 16 mai, toute l'armée avait passé l'Elbe et marchait dans la direction de Bautzen.

L'armée prusso-russe s'y concentrait.

Blücher écrivait le 15 de Comschwitz, près de Bautzen :

« Après la bataille, je suis encore resté six jours à cheval ; mais j'ai par là si bien envenimé ma blessure, qu'à la fin j'ai eu le dessous et que j'ai dû céder au désir du roi : j'ai gardé la voiture pendant deux jours. Je suis maintenant si bien guéri que j'ai pu monter à cheval hier et aujourd'hui sans être trop incommodé. — Nous sommes de nouveau face à face avec l'ennemi. Une deuxième affaire est imminente; je ne pense pas qu'elle réussisse mieux que la première à Napoléon. Nous sommes bien refaits et prêts au combat; nos hommes sont pleins d'entrain. Les Français peuvent faire du vent tant qu'ils voudront, ils auront de la peine à oublier le 2 mai. »

La force des positions retranchées de Bautzen était, en effet, bien capable d'inspirer la confiance à l'armée alliée, forte de 170,000 hommes. Elle n'en fut pas moins battue, les 20 et 21 mai, à Bautzen et à Würtchen, et mise en déroute. Elle ne se rallia qu'à Reichenbach, où la jeune cavalerie française se montra pour la première fois, culbuta sa cavalerie et la poursuivit jusqu'à Görlitz.

C'était encore une belle victoire, mais aussi chèrement achetée que celle de Lützen; les alliés avaient perdu 18,000 hommes, mais ils en avaient fait perdre 12,000 aux Français. Toutefois, les résultats étaient immenses : la

Saxe délivrée des cosaques et la Silésie à moitié conquise.

La Neiss, la Queiss, le Bober, la Katzbach furent successivement franchis.

Le 1er juin, l'armée française était à Glogau, Liegnitz, Breslau. Le bourgmestre et quatre députés de Breslau se présentèrent devant l'empereur Napoléon. Celui-ci leur dit qu'ils pouvaient rassurer les habitants ; que, quelque chose qu'ils eussent faite pour seconder l'esprit de désordre que les Stein et les Scharnhorst voulaient exciter, il pardonnait à tous.

Le 4, par l'entremise de l'Autriche, un armistice était signé à Pleswitz, qui devait durer jusqu'au 28 juillet. Un congrès se réunit à Prague, pour traiter d'une pacification générale : l'armistice fut prolongé jusqu'au milieu d'août.

Cependant, personne ne croyait sincèrement à la paix. Napoléon avait accepté la médiation de la cour de Vienne, espérant encore la retenir dans son alliance ; les Prussiens et les Russes, pour se remettre de leurs défaites, attendre Bernadotte qui débarquait à Stralsund, et Beningsen qui arrivait du fond de la Russie.

2.

L'attitude de l'Autriche ne laissa bientôt plus aucun doute : elle achevait ses armements pour entrer dans la coalition.

CHAPITRE TROISIÈME

SOMMAIRE.

Du congrès de Prague à la fin de 1813. — Composition des armées en présence. Tactique des alliés. Batailles de Dresde, de la Katzbach. Combat de Wartenbourg. Bataille de Leipzig. Blücher est nommé maréchal. Retraite de l'armée française. Les alliés sur le Rhin.

A la reprise des hostilités, les armées directement opposées à Napoléon étaient :

1° L'armée du Nord, forte de 130,000 hommes, commandée par Bernadotte, prince de Suède, comprenant les 3e et 4e corps prussiens (Bülow et Tauentzien), l'armée suédoise et un corps russe ; elle campait sur le Havel et couvrait Berlin.

2° L'armée de Bohême, 230,000 hommes, sous les ordres du feld-maréchal autrichien prince Schwarzenberg, se composait du 2e corps prussien (Kleist), de la garde prussienne, et, en outre, de troupes autrichiennes et russes, et avait pour quartier général Prague.

3° L'armée de Silésie, commandée par le

général de cavalerie de Blücher, comprenait le 1er corps prussien (général d'York), les corps russes des généraux baron Sacken, comte de Langeron et comte de Saint-Priest, en tout 120,000 hommes, sur la rive droite de l'Oder, en Silésie.

Pour résister à cette masse d'ennemis, Napoléon n'avait que 300,000 hommes, dont 30,000 avec Davout, à Hambourg, 80,000 sous Oudinot, à Wittenberg, 190,000 sous ses ordres immédiats, de Dresde à Liegnitz.

Cependant Blücher était au comble de ses vœux. Les craintes qu'il exprimait à son ami, le conseiller d'État de Hippel, de voir la paix se conclure, ne s'étaient pas réalisées. Il avait triomphé de ses adversaires en politique, M. de Knesebeck, et surtout M. de Krusemark, qui, disait-il, avait trop pris l'air de Paris.

Plein d'impatience, dès le 9 août, il avait violé l'armistice et traversé le territoire neutre, en envoyant 90,000 hommes en Bohême se joindre à l'armée de Schwarzenberg. Il avait, le 15, insulté tous les avant-postes français et enlevé des vedettes. Puis, prenant résolûment l'offensive, il passa la Katzbach de vive force, et marcha vers le Bober. Le 19, il livra à Deutmannsdorf, sur les bords de cette rivière, un combat acharné.

Pendant ce temps, Napoléon, voulant battre les alliés les uns après les autres, avait laissé le maréchal Gouvion-Saint-Cyr à Dresde, et s'était porté à Görlitz ; de là, il se dirigeait vers les Riesengebirge, quand il apprit qu'une partie de l'armée de Silésie avait fait sa jonction avec l'armée de Bohême, et que Blücher était sur le Boher. Revenant alors vivement à Görlitz avec la garde impériale et un corps de cavalerie, il repoussa l'avant-garde prussienne à Löwenberg et à Bunzlau. Ainsi qu'il avait été convenu d'avance, Blücher battit en retraite. Le 23, sur le faux avis que Napoléon s'était retiré, il reprit l'offensive et livra le sanglant combat de Goldberg, où il éprouva une perte de près de 10,000 hommes. Il se replia alors en toute hâte sur Jauer.

C'est de cette ville qu'est datée la lettre suivante :

« Les choses ont changé de face. L'empereur Napoléon m'a attaqué trois jours de suite avec toutes ses forces, et a tout fait pour m'entraîner à la lutte. J'ai heureusement déjoué tous ses projets. Depuis hier au soir (24 août), il est en retraite ; je le poursuis, et j'espère que la Silésie est maintenant sauvée. J'ai rassuré Berlin, en attirant ici et en gardant sept jours l'empereur des Français, pour permettre à la grande armée de passer de Bohême en Saxe. Le prince royal de Suède a quitté Berlin pour pénétrer également en Saxe.

« On nous bénit à Berlin.

« Je suis bien portant et très-heureux d'avoir joué le tour au grand homme. Il doit être furieux de n'avoir pas pu m'amener à livrer bataille. On a fait quelques pertes de part et d'autre. L'ennemi a perdu trois fois plus de monde que nous ; nous lui avons fait environ 1,500 prisonniers, et nous n'en avons pas laissé 100 entre ses mains. »

Le duc de Tarente était, en effet, resté seul devant Blücher, pendant que Napoléon, faisant faire à sa garde quarante lieues en quatre jours, la ramenait à Dresde. Cette ville, que Gouvion-Saint-Cyr défendait avec 18,000 jeunes soldats, était vivement pressée par Schwarzenberg, qui avait passé l'Erzgebirge avec 150,000 hommes.

Napoléon la dégagea le 26, et, le lendemain, rejeta, avec une perte de 30,000 hommes, le général autrichien en Bohême. Par malheur, Vandamme, envoyé d'avance pour couper la retraite aux fuyards, fut pris à Kulm (30 août) entre les Russes de Barclay de Tolly et le corps prussien de Kleist : la moitié de son corps d'armée fut anéantie.

En Silésie, Blücher avait concentré son armée à Jauer, derrière la Neisse furieuse, qui se jette dans la Katzbach, au-dessous de Liegnitz. Macdonald voulut l'attaquer dans cette position. Blücher, de son côté, avait pris l'offensive. Les deux armées se rencontrèrent. La pluie tombait sans discontinuer, les torrents étaient grossis, les chemins impraticables. Les colonnes françaises se trouvèrent isolées les unes des autres et furent écrasées. Macdonald perdit 10,000 hommes tués ou blessés, 10,000 prisonniers, ses canons et une grande partie des bagages (26 août). Ce succès attira à Blücher la confiance des soldats et des chefs, et contribua puissamment à donner de la cohésion à son armée, composée de nationalités différentes et souvent hostiles. « La garde, écrivait-il pendant l'armistice, et la grosse cavalerie russes voudraient être mises dans du coton, pendant que les nôtres se sacrifient. »

Le soir même de la bataille, fatigué et trempé jusqu'aux os, il s'empressa d'annoncer sa victoire à sa femme. Il fit ensuite connaître les résultats de cette grande journée à ses troupes par l'ordre général suivant :

« Il n'y a plus d'ennemis en Silésie ! C'est à votre courage, braves soldats russes et prussiens sous mes ordres, à vos efforts persévérants, à votre patience à supporter les fatigues et les privations, que je dois le bonheur d'avoir arraché une belle province des mains d'un ennemi avide.

« Au combat de la Katzbach, l'ennemi s'est défendu avec acharnement. Mais, pleins de courage et maîtres des hauteurs, vous avez dédaigné la fusillade ; vous avez marché à la charge : vos baïonnettes l'ont précipité dans les gorges de la Neisse furieuse et de la Katzbach.

« Soldats ! vous avez passé à la nage les rivières et les torrents débordés. Vous avez souffert du manque de vivres, quand les routes impraticables et le défaut de voitures n'en permettaient pas le transport. Vous avez combattu malgré le froid, les pluies, les privations, quelquefois dépourvus des vêtements nécessaires. Pourtant vous n'avez pas murmuré; vous avez poursuivi sans relâche l'ennemi battu. Merci pour votre belle conduite ! Ce n'est qu'avec ces qualités qu'on est un vrai soldat.

« 103 canons, 250 voitures de munitions, les ambulances de l'ennemi, ses forges de campagne, ses farines, un général de division, deux généraux de brigade, un grand nombre de colonels, d'officiers supérieurs et autres, 18,000 hommes, 2 drapeaux et d'autres trophées sont tombés entre nos mains. Les survivants de la Katzbach ont conservé un tel effroi de vos armes, qu'ils n'oseront plus affronter vos baïonnettes. Vous avez vu les chemins et les champs entre la Katzbach et le Bober, comme ils portent les marques de la confusion et de l'épouvante de vos ennemis.

« Adressons au Dieu des armées, avec l'aide duquel nous avons vaincu, nos actions de grâce, et remercions-le par des prières publiques de la grande victoire qu'il nous a donnée. Que des feux de joie servent trois fois de clôture à vos dévotions !

« Et de nouveau sus à l'ennemi ! »

Le roi de Prusse s'empressa de remercier le général en chef de l'armée de Silésie ; il lui envoya la grand'croix de Fer et un grand nombre de décorations pour les officiers et les soldats qui s'étaient particulièrement distingués. Il lui annonçait en même temps le succès obtenu, le 24, par le prince royal de Suède. Le duc de Reggio, qui marchait sur Berlin par la route de Torgau, avait été battu à Gross-Beeren. Ney, qui remplaça Oudinot dans le commandement de l'armée du Nord, fut aussi vaincu à Dennewitz (6 septembre), et rejeté sous les murs de Torgau.

Tels étaient les fruits de la tactique adoptée par les alliés : refuser le combat à Napoléon et attaquer ses lieutenants en son absence. On a dit que Moreau et Jomini, transfuges français, leur avaient donné ce conseil. Ainsi, Blücher, à la reprise des hostilités, rejeta les Français de l'autre côté du Bober ; à l'approche de Napoléon, il se retira dans le camp retranché de Schweidnitz. Napoléon partit pour Dresde ; Blücher

prit l'offensive et gagna la bataille de la Katzbach.

Après cette défaite, les Français avaient successivement repassé le Bober, la Queiss, la
Neisse. Napoléon reparut ; le 4 septembre, il fit
réattaquer les Prussiens, les débusqua des hauteurs de Wohlenberg et les poursuivit, pendant
toute la journée du 5, l'épée dans les reins,
jusqu'à Görlitz. Le général Sébastiani exécuta,
à Reichenbach, de brillantes charges de cavalerie et fit des prisonniers. Blücher repassa en
toute hâte la Neisse et la Queiss. Les Français
prirent position sur les hauteurs de Görlitz.

C'est ainsi que, le 4, Blücher écrivait : « Je
suis toujours à la poursuite de l'ennemi. J'espère que dans deux jours nous serons devant
Dresde. »

Et le 6 :

« L'empereur Napoléon s'est porté contre
moi avec le gros de ses forces. Deux jours du-
rant, il a tout fait pour m'amener à combattre ;
mais, comme il est deux fois plus fort que moi,
toutes ses manœuvres sont inutiles. »

Reprenant bientôt l'offensive, pendant que
Napoléon était allé défendre contre Schwarzen-

berg les débouchés de l'Erzgebirge, Blücher chassa les Français de Görlitz, Reichenbach, Löbau, et marcha sur Bautzen, pour se porter de là sur Dresde ou pour aller passer l'Elbe au-dessus de Torgau. Mais, arrivé à Bautzen, contrarié par les pluies, il dut attendre encore l'arrivée de Beningsen, avec l'armée russe de réserve.

« Je ne sais vraiment plus, écrivait-il alors, où suspendre tous mes ordres et décorations. »

Il reçut, coup sur coup, avec les compliments les plus flatteurs, la croix de Saint-André, que l'empereur Alexandre enleva de son propre uniforme, et celle de commandeur de l'ordre militaire de Marie-Thérèse, que le prince d'Auersperg vint lui remettre de la part de l'empereur d'Autriche.

Mais un malheur de famille vint troubler son ciel si pur, comme il le disait lui-même. Le 16 septembre, son fils chéri, Frantz, fut grièvement blessé au combat de Peterswald, dans une charge contre les chevau-légers du prince Poniatowski. Il tomba entre les mains des Français. L'empereur de Russie envoya de suite un parlementaire et demanda de ses nouvelles.

Napoléon fit venir Frantz, causa avec lui très-aimablement et lui donna un médecin. Son père l'apprit et eut la consolation de le savoir très-bien traité dans sa captivité de Dresde.

L'empereur Alexandre, désireux de renforcer l'armée de Bohême et de la voir prendre résolûment l'offensive, proposa alors à Blücher de se joindre à Schwarzenberg. Mais le général prussien refusa, voulant avant tout tendre la main à Bernadotte et l'amener à hâter sa marche en avant. Il croyait d'ailleurs que les Français abandonneraient Dresde. Il fut trompé dans son attente. Le 21 septembre, Napoléon se porta encore une fois contre lui, sans pouvoir l'amener à combattre.

Beningsen étant enfin arrivé, le 27, à Zittau, rien ne s'opposa plus à ce que Blücher exécutât son plan : se joindre au prince de Suède et passer l'Elbe entre Dresde et Torgau. Ce n'était pas une facile entreprise, en face d'un ennemi redoutable, maître des ponts et des forteresses. Elle fut pourtant résolue. L'armée de Silésie marcha par Grossenhayn, Elsterwerda, Liebenwerda et Jessen, sur l'Elster Noir. Le passage de Wartenbourg fut reconnu et jugé convenable, et un pont fut établi le 2 octobre. Après une lutte acharnée et des pertes considérables, le corps d'York força le passage et enleva les positions des Français. Le général Bertrand se replia derrière la Mulde et y rejoignit le prince de la Moskowa.

En apprenant que Bernadotte avait passé l'Elbe à Roslau et Blücher à Wartenbourg, Napoléon quitta Dresde, se porta à Würtzen, et de là à Eilenbourg, sur la Mulde ; le 10, il était à Düben, poussant devant lui l'armée de Silésie. C'est de cette dernière ville que, trois jours auparavant, Blücher écrivait à sa femme : « Je suis maintenant à trois milles (1) de Leipzig. Tu peux t'attendre à recevoir bientôt la nouvelle d'une victoire. »

La situation était pourtant assez critique pour l'armée de Silésie. L'armée française, forte de 125,000 hommes, sous les ordres de Napoléon, était concentrée entre la Mulde et l'Elbe. Le général Reynier, se portant sur Wittenberg, passa l'Elbe et s'empara des ponts de Dessau

----

(1) Le mille allemand vaut 7,532 mètres.

et d'Aken. Le général Bertrand se porta en même temps sur Wartenbourg et s'en rendit maître. Le prince de la Moskowa remportait également un avantage aux environs de Dessau. Après s'être emparé des ponts de l'ennemi, l'Empereur avait dessein de passer l'Elbe, de manœuvrer sur la rive droite de ce fleuve et de menacer Berlin. Rien, en effet, ne s'opposait à l'exécution de ce projet. Blücher, voulant à tout prix empêcher le prince de Suède de repasser l'Elbe, l'avait rejoint bien à contre-cœur, entre la Mulde et la Saale, et bientôt même derrière la Saale, à Bernbourg, Rothenbourg et Halle, découvrant ainsi Berlin et la Prusse. Le faible corps de Tauentzien était seul entre les Français et la capitale prussienne. Bernadotte n'en persistait que plus à vouloir repasser le fleuve, quand la destruction du pont de Roslau par les Français lui coupa la retraite. Blücher et les événements retenaient donc le prince de Suède sur la rive gauche de l'Elbe et assuraient sa coopération à la grande lutte, où allait se décider le sort de la campagne.

L'empereur Napoléon apprenant, en effet,

la défection de la Bavière, avait changé son plan et se concentrait à Leipzig, appelant à lui le roi de Naples, qui était resté en observation à Freyberg. Le 15 octobre, 160,000 Français étaient rangés autour de Leipzig, dont ils défendaient toutes les routes. Les armées alliées se trouvaient également en présence, fortes de plus de 300,000 hommes. La grande bataille s'engagea le 16. Le prince Schwarzenberg commença l'attaque. Blücher battit, à Möckern, au nord de Leipzig, le maréchal Ney et le rejeta sur la Partha, avec perte de 2,000 hommes. La journée du 17 se passa dans l'attente de la réserve russe de Beningsen et en préparatifs pour la lutte suprême du lendemain. La bataille fut épouvantable. Les Saxons quittèrent les rangs français. Malgré cette odieuse trahison, Napoléon se maintint partout ; mais, n'ayant plus de munitions, il se mit en retraite. Le 19, les alliés donnèrent l'assaut ; Blücher entra le premier dans la malheureuse Leipzig par le faubourg de Halle. La *bataille des nations* avait coûté 100,000 hommes à l'humanité.

Le 20 octobre, il écrivait de Lützen :

« Hier, je n'ai pu écrire : j'étais trop fatigué.

Mais mon ami Gneisenau t'a écrit et t'a dit que j'étais sain et sauf. Le 16, j'ai livré un nouveau combat à l'ennemi au village de Möckern, devant Leipzig. J'ai pris 4,000 hommes, 45 canons, un aigle et plusieurs drapeaux. Le 18, je rejetai l'ennemi dans Leipzig et pris 4 canons. Mais c'est les 19 et 20 (18 et 19) qu'eut lieu la grande bataille. Jamais encore on n'avait vu 600,000 hommes combattre ensemble. A deux de l'après-midi, j'emportai Leipzig d'assaut. Le roi de Saxe et beaucoup de généraux français furent pris, le prince polonais Poniatowski se noya. 170 canons tombèrent entre nos mains et environ 40,000 hommes. Napoléon s'est sauvé, mais il n'est pas encore tiré d'affaire. Ma cavalerie ramène en ce moment 2,000 prisonniers. L'armée ennemie est complétement perdue. L'empereur de Russie m'a embrassé à Leipzig devant tout le monde et m'a appelé le libérateur de l'Allemagne. L'empereur d'Autriche m'a aussi comblé d'éloges, et mon roi me remerciait les larmes aux yeux. Comme l'empereur n'avait plus de décorations à me donner, il m'a fait présent d'une épée d'or enrichie de brillants d'un grand prix. — Tu peux avec Fritze séjourner où bon vous semble. Je vous recommande Leipzig : c'est une ville agréable, et comme on voulait la livrer aux flammes, et que je l'ai sauvée en défendant d'y jeter des projectiles, on vous y portera en triomphe. »

Blücher reçut l'ordre du cabinet suivant, en date du 20 octobre, par lequel il était nommé feld-maréchal :

« Par vos victoires répétées, vous avez fait contracter tant de dettes à l'État, que ma reconnaissance n'a pu vous suivre et les acquitter toutes. Que votre nomination au grade de général feld-maréchal soit pour vous une nouvelle preuve de ma gratitude. Puisse le ciel vous conserver longtemps cette dignité, pour le bonheur du peuple et l'exemple de l'armée que vous avez si souvent conduite à la victoire et à la gloire !

« FRÉDÉRIC-GUILLAUME. »

Les soldats, dans leur langage pittoresque, caractérisèrent son ardeur et son opiniâtre énergie, en l'appelant le « maréchal Vorwârts », et ce surnom lui resta pour toujours.

L'empereur d'Autriche voulut aussi donner au général prussien une marque de haute estime. Il lui envoya, avec une lettre autographe, la grand'croix de Marie-Thérèse.

L'orgueil de Blücher ne fut pas exalté outre mesure par ces faveurs et ces récompenses magnifiques. Mais, peu riche et toujours mal dans ses affaires, il fut enchanté qu'un traitement considérable vînt lui permettre une existence plus large et assurer l'avenir de sa famille. Toutefois, la vanité allemande, esclave du rang et des titres, perce dans les recommandations qu'il adresse à sa femme :

« Tu dois vivre comme il convient à la femme d'un feld-maréchal, sans pour cela montrer de l'orgueil ; tu ne dois rien te refuser. J'ai pour toi quatre chevaux blancs et deux mulets. »

Nous ne savons jusqu'à quel point la maréchale Blücher partageait la passion de son mari pour les chevaux et les attelages. Il revient souvent sur ce chapitre, et les princes, en lui faisant de tels cadeaux, ne doivent pas avoir ignoré le grand cas qu'il en faisait.

Après la bataille de Leipzig, l'armée française avait battu en retraite par Weissenfels, Erfurt, Gotha, Fulde, jusqu'à Hanau, où les Bavarois voulurent lui barrer le chemin (30 octobre). Ce fut pour elle une brillante victoire, et les glorieux débris de la jeune armée purent passer le Rhin en vainqueurs.

Blücher a suivi Napoléon pas à pas ; mais, contrarié dans ses projets, il ne peut rien faire. Il s'en plaint avec sa brutale franchise :

« Avec les ordres que je reçois, je ne sais plus que faire. On me traite comme un vieux cheval de carrosse. Mais ce qui me console de tout, c'est la pensée que c'est moi qui ai humilié le plus orgueilleux des tyrans. »

Le jour de Hanau, il était à Philippsthal. Le 3 novembre, il écrivait de Giessen :

« La grande affaire est maintenant terminée. Les Français sont tous rejetés de l'autre côté du Rhin. Depuis huit jours, j'ai constamment établi le soir mon quartier au lieu qu'occupait Napoléon la veille, et dormi à la même place que lui. Il a perdu la plus grande partie de son armée, particulièrement son artillerie ; et, si on n'avait pas fait de grandes fautes, il aurait été perdu avec tout son monde. Mais il ne reviendra pas en Allemagne de sitôt, car ce qui a échappé au désastre est dans un bien triste état. Après-demain, je vais à Wetzlar, et de là vers le Rhin, que j'espère bien traverser. L'enthousiasme avec lequel on me reçoit partout est grand. »

Le 11, il datait une autre lettre d'Altenkirchen-sur-le-Rhin. La ville de ce nom se trouve pourtant assez loin du fleuve, sur la route de Limbourg à Cologne.

Mais Blücher s'occupe peu de ces détails géographiques ; l'orthographe des noms propres lui fut toujours inconnue. Peut-être aussi la hâte d'arriver sur les bords du Rhin lui fait-elle rapprocher les distances. Son avant-garde atteignait d'ailleurs Mülheim, au nord de Cologne. Son imagination l'y transportait déjà sans doute, et il comptait, dit-il lui-même, bientôt poursuivre sur la rive gauche les derniers débris de Leipzig.

Son espoir fut encore déçu. Il lui fut ordonné d'occuper le Rhin moyen et de bloquer Mayence, pendant que l'armée du Nord s'emparerait du Rhin inférieur et que l'armée de Bohême se relierait, au sud, à celle de Silésie. Les alliés voulaient se refaire et réparer leurs pertes, avant d'envahir le territoire français.

Peu désireux d'être à Francfort-sur-le-Mein avec les souverains et les princes, Blücher s'établit près de cette ville, à Högst, et y resta jusqu'à la fin de décembre 1813. Il nous donne les nouvelles suivantes de la guerre :

« Je suis arrivé le 17 à Francfort. Si les habitants de Breslau ont pour toi tant d'attentions gracieuses, les Francfortois m'ont accueilli avec enthousiasme : cela m'a fait plaisir. J'ai bloqué de ce côté-ci la forteresse de Mayence. Münster est déjà en notre pouvoir, et le général Bülow est à Hamm ; nos troupes vont aussi entrer dans la Frise orientale. Tout ce qui est de ce côté du Rhin ne tardera pas à être délivré des Français. Le général russe Winzingerode est dans l'Oldenbourg. »

Et plus tard :

« Nos troupes ont conquis la plus grande partie de la Hollande. Amsterdam et Rotterdam sont entre nos mains, Bülow et Oppen sont là.

« Tu vois que Monsieur Napoléon est poussé dans ses derniers retranchements, et que, si les boulettes que nous faisons ne le sauvent pas, il sera contraint de faire la paix. »

D'après les lettres de Blücher, tout espoir de paix n'était pas perdu. Les alliés annonçaient d'ailleurs des intentions pacifiques. Ils cherchaient à séparer la cause de l'Empereur de celle de la France, et à le présenter aux populations comme l'unique obstacle à une pacification générale. Leur intention réelle était de ramener la France à ses anciennes limites. Blücher et ses Prussiens voulaient entrer à Paris. Ses succès, son caractère bien connu, lui avaient déjà valu une réputation européenne. De toutes parts lui arrivaient des adresses, des lettres, des félicitations. L'armée lui donna un grand bal à Wiesbaden, le jour de sa fête. Le directeur du gouvernement de Poméranie envoya une pièce de vers au « Héros et sauveur de la patrie ». On parlait déjà de lui élever des statues. S'il était l'idole des soldats et du peuple, il n'était pas moins caressé des grands. Les empereurs d'Autriche et de Russie, le roi de Bavière, le comblaient de faveurs et de bontés. Le roi de Prusse lui montrait en toute occasion une estime et une amitié particulières. Quant à lui, il recherchait peu les « grosse herrn » de Francfort, comme il les appelle. « Je suis, dit-il, gêné avec eux. » Il préférait, sans doute, à leurs bonnes grâces les beaux chevaux que lui envoyait le régent d'Angleterre. Les attentions gracieuses de la belle grande-duchesse Catherine, qui le pria un jour de venir dans sa loge à la comédie, paraissent aussi le toucher davantage, ainsi que les lettres si amicales d'Augusta, princesse électorale de Hesse et sœur du roi, et de la princesse Marianne, femme du prince Guillaume de Prusse.

La lettre suivante, que Blücher adresse à sa femme, résume la situation, et met en lumière son caractère indépendant et ennemi de toute contrainte :

« Mon séjour ici ne sera plus de longue durée. D'ici dix jours, j'aurai 120,000 hommes ; avec tant de monde on ne peut rester longtemps au même endroit sans tomber dans la disette. La Hollande sera bientôt tout entière en notre pouvoir. Nous ne tarderons pas, j'espère, à être dans le Brabant et à occuper les Flandres. Je ne crois pas à de grandes batailles, d'autant plus que nous serons gênés par de nombreuses forteresses. Je pense que nous ferons prochainement la paix. Tous les souverains ont quitté Francfort ; notre roi seul y est encore, mais il partira dans quelques jours, et je serai alors seul maître ici, ce dont je ne serai pas mécontent. Ce qui ne me plaît guère, c'est la troupe de princes que j'ai encore autour de moi. L'électeur de Hesse me joint avec tous les Hessois, et le duc de Cobourg avec un corps tout entier. Celui que je préfère est le prince Guillaume de Prusse (frère du roi). »

CHAPITRE QUATRIÈME.

SOMMAIRE.

Campagne de 1814. — Passage du Rhin. Discours de Blücher à
Nancy. Batailles de Brienne et de la Rothière. Combats de
Champaubert, Montmirail et Vauchamp, de Méry, de Craonne
et de Laon. Capitulation de Paris. Voyage de Blücher à Londres. Il est créé prince.

Malgré les espérances de paix contenues
dans la dernière lettre de Blücher, la guerre
était résolue.

Le 30 décembre, le maréchal dictait de Lan-
genschwalbach l'ordre suivant :

« Lorsque vous êtes partis des rives de l'O-
der, braves soldats de l'armée de Silésie, c'é-
tait pour arracher à l'ennemi les provinces dont
il s'était emparé. Aujourd'hui, vous allez passer le Rhin pour forcer à la paix un ennemi qui
ne peut se consoler d'avoir perdu en deux campagnes ses conquêtes de dix-neuf ans. Soldats !
aux vainqueurs de la Katzbach, de Wartenbourg, de Möckern et de Leipzig, je n'ai plus
qu'à prédire la gloire : je suis sûr du succès.

Mais j'ai de nouveaux devoirs à vous enseigner. Les habitants de la rive gauche ne sont pas animés de sentiments hostiles. Je leur ai promis le respect de la propriété ; je l'ai fait en votre nom, vous devez le tenir. Si l'honneur militaire inspire la bravoure, l'obéissance et la discipline sont ses plus beaux ornements. »

Conformément aux ordres reçus, l'armée de Silésie passa le Rhin, le 1ᵉʳ janvier 1814, à Coblentz, Caub et Manheim.

Blücher écrivit à sa femme :

« Le nouvel an m'a apporté ce matin les plus joyeuses espérances : je traversais le Rhin superbe, ses rives retentissaient de cris d'allégresse, et mes braves soldats m'acclamaient sur mon passage. L'ennemi n'a pas opposé de résistance sérieuse. Le blocus de Mayence est maintenant complet. Les habitants de ce côté-ci de l'Allemagne nous accueillent avec des larmes de joie. »

Marmont, incapable de disputer le terrain à son puissant adversaire, recula, sur la Sarre, puis à Verdun. Blücher entra à Nancy sans coup férir. Voici sa réponse à l'allocution du maire de cette ville. Elle montre bien par

quels moyens les alliés prétendaient désorgani-
ser le pays et briser la résistance. Elle est, en
tout cas, fort habile, et nous prouve que, si Blücher était bref et sans apprêts dans sa correspondance intime, il savait s'exprimer de la manière la plus noble dans ses discours et ses
proclamations :

« Messieurs, je suis heureux des sentiments
que vous m'exprimez. La Providence, dans sa
justice, a enfin conduit nos armes sur le sol
français. L'Europe entière, se réveillant d'une
trompeuse sécurité, s'est enfin alarmée de l'avidité insatiable de celui qui, depuis quatorze
ans, gouverne despotiquement la France. Les
peuples du Volga, du Danube, de l'Elbe, de la
Tamise, du Tage, ont quitté le sol de la patrie
et sont maintenant dans cette France, autrefois
si heureuse. Beaucoup de ces peuples étaient
alors unis d'amitié et d'estime avec votre pays ;
ils sont tous aujourd'hui vos ennemis, et pour-
quoi ? A cause de l'ambition sans bornes d'un
seul. Il a rendu guerriers ceux mêmes de ces
peuples qui ne l'étaient pas, mais qui ne pouvaient plus supporter l'anéantissement et la
honte dans laquelle ils gémissaient, l'arrogance

et les spoliations de lui et des siens. Voyez ces Portugais, qui sont maintenant sur les bords de la Garonne ; on les compte aujourd'hui parmi les meilleurs soldats de l'Europe. Voyez ces Hollandais, qui rejettent un joug odieux et prennent en même temps les armes. Enfin, Dieu lui-même, dans sa sévère justice, a, dans deux campagnes, enlevé à la terre 600,000 Français. Tristes et malheureuses victimes de l'insatiable avidité d'un tyran, prodigue du sang d'un peuple, auquel il est étranger ! Et que vois-je en France ? Qu'a rapporté tant de sang répandu ? Toute une génération, les jeunes gens de vingt à trente ans, disparue ; la guerre les a moissonnés. L'argent monnayé se cache, le commerce est entravé, l'agriculture sans encouragement, l'industrie en souffrance ; le peuple gémit sous le poids des impôts ; les gendarmes traînent vos enfants sous les drapeaux de l'ambition ; tout dépérit faute de soins. Dans les sociétés, des espions à gages vont rapporter à un Savary les plaintes et les lamentations qu'un régime si dur fait naître ; les commissions militaires et spéciales répriment les plaintes des malheureux par des condamnations à mort illégales, les galères et la prison perpétuelle. Est-ce là le prix de ces guerres sans fin, qui ont fait le malheur de tant de peuples? C'est donc pour des généraux, pour des intendants, pour des commissaires, qui se sont enrichis au pillage de nos villes et par de honteuses exactions, que vous avez tant souffert? Peuple infortuné! Souvent nous avons demandé la paix, volontiers nous l'aurions achetée au prix de grands sacrifices; nous avons été insolemment repoussés. C'est, maintenant, les armes à la main, sur votre territoire, dans votre capitale même, s'il le faut, que nous irons la chercher. Oui, la bravoure éprouvée de nos troupes saura la conquérir, et avec elle notre indépendance nationale, la liberté du commerce et des mers; car c'est nous qui luttons pour ces libertés, et non lui, votre maître, qui voudrait fermer tous les ports, ces débouchés offerts par la Providence pour la prospérité des peuples. Je souffre de ne pouvoir vous épargner toutes les charges que la guerre entraîne infailliblement à sa suite. Tout ce que je pourrai faire pour les alléger, je le ferai; nous ne voulons pas vous rendre les dévastations que vos armées ont exercées chez nous ; nous n'en tirerons pas vengeance. Nous ne faisons la guerre qu'à ceux qui voudraient si bien l'éterniser. J'ai supprimé ces impôts odieux, les droits réunis, la gabelle, les droits d'enregistrement. Puissé-je, à vous surtout, braves Lorrains, rappeler le bon vieux temps, où vous viviez heureux sous le gouvernement paternel de vos ducs ! »

De semblables excitations portaient leur fruit. Aussi écrit-il de Nancy, le 18 :

« Les gens de ce pays sont pauvres et accablés sous le poids des impôts. Ils me bénissent quand j'envoie au diable tous les douaniers, employés et gendarmes, et que je leur donne la liberté du commerce et des transactions. C'est incroyable comme la nation est mécontente. Ils nous ont reçus avec joie, parce qu'ils voient tous en nous des messagers de paix. »

Et de Brienne, le 28 janvier :

« Nous sommes partout bien reçus. Je regrette seulement que les nôtres ne puissent pas, comme le font les Russes, parler avec les habitants, ce qui éviterait bien des malentendus. »

Quoi qu'il en soit, ces bonnes réceptions

s'accordent assez mal avec les renseignements tirés des mémoires du temps et les dires du *Moniteur* français ; on y lit à chaque page :

« L'ennemi commet partout les plus affreuses exactions ; il ne respecte ni le sexe ni l'âge. L'exaspération des habitants est à son comble. »

Dans tous les cas, l'entrée des étrangers en France n'excitait pas le grand élan de 92. L'Empereur, privé des vieilles troupes d'Espagne et d'Italie, des bonnes garnisons de l'Oder, de l'Elbe et du Rhin, n'avait que 80,000 hommes à opposer aux 500,000 soldats de la coalition.

Après avoir rallié à Vitry les corps de Marmont, Ney et Victor, laissant Macdonald à Châlons pour garder la Marne, Mortier à Troyes pour garder la Seine, il se porta lui-même sur le flanc droit de l'armée de Silésie, battit Sacken à Saint-Dizier (27 janvier) et emporta Brienne, le 29, après une vive résistance. Blücher y fut surpris et allait tomber aux mains des Français, quand Gneisenau le força à fuir, en lui disant : « Voulez-vous être conduit à Paris en triomphe ? » Deux officiers du quartier général furent pris et un tué. Blücher battit en retraite sur Trannes, où il fit sa jonction avec Schwarzenberg. Napoléon, acharné à la poursuite, se heurta, à la Rothière (1er février), contre des forces quadruples. Après un combat acharné, il fut forcé de se replier, et, passant par le pont de Lesmont, alla rejoindre Mortier à Troyes.

« La grande bataille a eu lieu, écrit Blücher, de Brienne, le 2 février ; hier je me suis mesuré avec l'empereur Napoléon. L'empereur de Russie et notre roi assistaient à la bataille. J'attaquai l'ennemi à une heure de l'après-midi ; le combat dura jusqu'à la nuit. A dix heures, j'avais délogé l'empereur Napoléon de toutes ses positions. 60 canons et plus de 3,000 prisonniers sont tombés entre nos mains ; le nombre des morts est considérable, car la lutte avait atteint le plus haut degré d'acharnement. Tu peux penser combien d'éloges j'ai reçus des monarques. Alexandre me pressait les mains et me disait : « Blücher, vous avez raffermi les trônes par vos victoires ; les hommes « vous béniront. »

Le feld-maréchal ne doutait pas que cette victoire ne le conduisît à Paris et à la paix. Il fut convenu, dans un conseil de guerre entre le *prince Schwarzenberg,* le *comte Barclay de Tolly* et lui, que l'armée principale poursuivrait Napoléon vers Troyes et chercherait à l'envelopper, pendant que l'armée de Silésie gagnerait rapidement Paris par la vallée de la Marne. D'après ce plan, Blücher, passant par Fère-Champenoise, arriva à Vertus, où il fit sa jonction avec le général d'York, qui, après avoir battu Macdonald à Châlons, le poursuivait dans la *direction* d'Épernay et de Château-Thierry. Il envoya Sacken à la Ferté-sous-Jouarre, pour couper la retraite au maréchal. Mais *celui-ci* repoussa l'avant-garde ennemie et arriva à Meaux.

Fier de ces nouveaux succès, Blücher écrivait, de Vertus, le 10 février :

« Nous ne sommes plus qu'à 15 milles de Paris. Dans huit jours nous y serons, et, selon toutes les probabilités, Napoléon perdra sa couronne. Le comte d'Artois est déjà arrivé d'Angleterre : *les princes coalisés ont résolu de le mettre sur le trône,* et je crois que la nation française l'acceptera volontiers (1). C'est ici qu'est le meilleur vin de Champagne ; tout le monde en boit, depuis le général jusqu'au dernier des domestiques : je le trouve aussi fort bon.

« La route de Paris est libre. Je ne crois pas que Napoléon livre un nouveau combat. »

Tandis que Blücher paraissait ainsi s'endormir dans les délices du vin de Champagne et jouissait d'une trompeuse sécurité, son infatigable adversaire, laissant Victor à Nogent et Oudinot à Bray pour défendre les ponts de la Seine, se portait rapidement avec sa garde, Ney et Marmont, contre l'armée de Silésie. Le jour même où le maréchal prussien écrivait sa lettre si pleine de joyeuses espérances, Napoléon écrasait, à Champaubert, le corps d'Olsufiew, et coupait en deux l'armée prusso-russe. Puis, se portant contre Sacken, il le défit (11 février) à Montmirail, le rejeta dans Château-Thierry, où il battit également le corps d'York,

_____

(1) Blücher fait erreur : si le comte d'Artois revendiquait le trône, ce n'était point pour lui, mais pour son frère, le comte de Provence.

et poussa les deux généraux vaincus dans la direction de Fismes.

Le 13, Blücher, ignorant toute l'étendue de son malheur, écrivait d'Etoges :

« J'ai eu trois mauvais jours. Napoléon m'a attaqué trois fois avec toutes ses forces. Mais il n'a pas atteint son but, et maintenant il est en retraite sur Paris. Je ne crains pas que nous soyons battus : sans des fautes inouïes, cela n'est pas possible. »

Le lendemain, en effet, Blücher, à la tête du corps de Kleist, d'une division de Langeron et des débris d'Olsufiew, se portait à Vauchamp.

Battu par Napoléon (14 février), et poursuivi par la cavalerie, il se retira jusqu'à Châlons, où York et Sacken vinrent le rejoindre. L'armée de Silésie avait perdu 25,000 hommes.

Pendant ce temps, Schwarzenberg s'avançait lentement dans la vallée de la Seine, de Méry à Fontainebleau. Napoléon, ralliant les corps de Macdonald, Victor et Oudinot, qui s'étaient repliés sur la ligne de l'Yères, tomba sur la tête de cette longue colonne (Wrède et Wittgenstein), à Mormans (17 février), la battit et la força de repasser la Seine. Le lendemain, 18, le prince royal de Wurtemberg fut écrasé à Montereau. Schwarzenberg battit précipitamment en retraite sur Troyes, appelant à lui Blücher, dans le but, disait-il, de livrer une grande bataille à l'Empereur, Le 21, l'armée de Silésie arrivait à Méry-sur-Seine et à Arcis-sur-Aube. Winzingerode, arrivant par Reims, l'avait remplacée à Épernay. Napoléon, sans perdre de temps, battit (22 février) l'avant-garde prussienne à Méry, la rejeta sur l'Aube ; puis, se portant contre Schwarzenberg, le chassa de Troyes (24 février), et le força à se replier jusqu'à Bar. Le généralissime autrichien apprenait, en même temps, qu'Augereau était aux portes de Genève et menaçait ses communications : il se mit en retraite sur Chaumont.

Alors s'ouvraient à Lusigny de nouvelles négociations, qui n'aboutirent pas plus que le congrès de Châtillon.

Dans cette situation, Blücher écrivit à l'empereur de Russie que tout était perdu, si l'on renonçait à l'offensive. « Uni aux généraux de Bülow et de Winzingerode, disait-il, je veux aller jusqu'à Paris, et je ne crains pas plus l'empereur Napoléon que ses maréchaux. » Le

4.

roi de Prusse lui répondit que toute libe
d'action lui était accordée : « Le sort de ce
campagne est maintenant entre vos mains. »

Blücher n'en demandait pas plus pour ag
Il arrive à Sézanne et bat Marmont, qui rec
jusqu'à la Ferté-sous-Jouarre et se joint à M
tier. De là, les deux maréchaux se portent
Meaux, en détruisant les ponts, et, à l'abri
entreprises de Sacken et de Langeron, ils f
face à l'est et résistent victorieusement à B
cher sur la rive droite de l'Ourcq. Celui-ci, a
prenant l'arrivée de Napoléon, fait passer
Marne au reste de son armée et bat en retr
sur Soissons, qui capitule. Les armées du N
et de Silésie étaient réunies. Napoléon, voy
Blücher lui échapper, rappela de Soissons M
mont et Mortier, et, passant l'Aisne à Béry-
Bac, se porta contre le plateau de Craon
Blücher, après un violent combat (7 mars),
obligé de se retirer à Laon, où il concen
toutes ses troupes dans des positions inex
gnables. Après deux jours de lutte acharn
il trouve le temps d'écrire, le 10 mars :

« J'étais près de Paris, quand l'emper
Napoléon se tourna contre moi avec toutes

forces. Je reculai quelques marches en arrière.
Mais, hier, le tyran m'attaqua à 5 heures du
matin ; le combat dura tout le jour. J'avais conservé toutes mes positions à la tombée de la
nuit ; tout s'apaisait, quand je fis renouveler
l'attaque. Après une demi-heure de lutte, l'ennemi, complétement battu, se retira, laissant
entre nos mains 40 canons, quelques milliers
de prisonniers et beaucoup d'approvisionnements. Napoléon s'est vivement replié sur Paris.
Mes troupes poursuivent encore.

« Je serais fâché si tu avais appris que j'ai
été blessé. Quatorze jours avant ce dernier combat, je reçus un coup au pied droit : la balle
traversa ma culotte, mais mes fortes bottes me
protégèrent et j'en fus quitte pour une contu-
sion. Hier, j'étais près d'un moulin à vent,
quand un boulet traversa le moulin ; un comte
Czernikcheff, le jeune prince d'Orange et Nostiz
furent grièvement atteints par des éclats de bois ;
moi, je n'eus rien. Le combat a cela de particulier, qu'il a duré tout le jour : mes pertes ne
sont pas considérables ; l'ennemi a perdu beaucoup de monde, en cherchant à enlever de vive
force mes positions. »

Napoléon battu, laissant Mortier à Soissons, se rejeta sur Reims, occupé par le corps russe de Saint-Priest, et l'emporta d'assaut (14 mars).

La blessure reçue à Méry, un mal d'yeux très-grave et la fièvre enrayaient alors l'énergie et l'activité du terrible vieillard, qui avait juré d'entrer le premier dans Paris. A peine remis de tant de souffrances, il se mit en marche ; et, pendant qu'York et de Kleist, passant l'Aisne à Béry – au – Bac, repoussaient les maréchaux Marmont et Mortier dans la direction de Château-Thierry, lui-même se dirigeait sur Châlons, avec les corps Sacken et Langeron. La marche de l'Empereur sur l'Aube lui avait en effet démontré que, négligeant de couvrir Paris, il ne songeait qu'à battre et à faire reculer encore une fois l'armée de Schwarzenberg. Celui-ci avait repris l'offensive, repoussé Oudinot et Macdonald à Bar-sur-Aube et à Troyes, et, après la bataille de Laon, s'était avancé jusqu'à Nangis. Mais, apprenant que Napoléon marchait contre lui, il repassa la Seine et se mit en pleine retraite. L'Empereur l'atteignit à Arcis-sur-Aube (20 mars). Après un combat acharné de deux jours contre des forces quadruples, Napoléon se dirigea sur Saint-Dizier, dans le dessein de couper les communications des armées alliées et de les contraindre à la retraite. Mais l'empereur Alexandre et le roi de Prusse firent décider qu'on se porterait en avant. Blücher était arrivé à Épernay, Schwarzenberg à Vitry. En marchant pour se réunir, les deux grandes armées repoussèrent, à Fère-Champenoise, Marmont et Mortier, qui cherchaient à rejoindre l'Empereur, et anéantirent la malheureuse division Pacthod, dans les marais de Saint-Gond (25 mars).

Rien n'arrêtait plus les alliés. Pendant que les corps d'York et de Kleist poussaient devant eux les débris de Marmont et de Mortier, qui avaient pris le chemin de Provins, et les rejetaient sur Charenton, les trois colonnes de Blücher, de Barclay de Tolly et de Schwarzenberg se présentaient devant Paris (29 mars).

Napoléon, trompé un instant sur les mouvements des alliés par la présence de Winzingerode, avec un corps nombreux de cavalerie, battit le général russe à Saint-Dizier et se porta sur Paris en toute hâte. Il arriva trop tard (30 mars). Les alliés avaient donné l'assaut. L'armée de Silésie s'étendait du canal de l'Ourcq au pont de Neuilly. Elle enleva les hauteurs de Montmartre. Marmont demanda une suspension d'armes. Blücher, bien décidé à en finir, fit amener, dit-on, 84 pièces de canon à Montmartre pour bombarder la ville. Une capitulation fut signée dans la nuit du 30 au 31 mars. L'armée française sortit de Paris et se retira derrière l'Essonne, pendant que les souverains étrangers, à la tête des gardes et des réserves, faisaient leur entrée triomphale dans la capitale conquise.

L'œuvre de Blücher était terminée. Il l'avait dit lui-même à sa femme :

« Si nous ne nous battons plus, je n'ai plus rien à faire. Alors je laisse là mon armée et retourne près de toi. »

La paix faite, il demanda donc et obtint immédiatement un congé. Mais, avant de partir, il recommanda à la bienveillance du roi l'armée, qu'il regardait comme sa famille, et tous ses bons camarades, qui s'étaient si bien conduits.

Il avait hâte d'ailleurs de quitter Paris, où

les intrigues diplomatiques lui inspiraient peu de confiance.

« Plaise à Dieu, disait-il dans un banquet, que nous ne perdions pas par la plume ce que nous avons gagné par l'épée ! »

Il avait aussi besoin de prendre du repos et de rétablir sa santé gravement atteinte par les fatigues de la guerre.

Il allait partir pour Berlin, quand il reçut l'invitation suivante du régent d'Angleterre :

« Cher Maréchal !

« Depuis longtemps déjà ma haute estime vous était acquise. Les derniers événements m'ont prouvé qu'elle pouvait encore être augmentée. Je ne puis rien, il est vrai, pour votre gloire, qui traversera les siècles futurs ; mais je ne me refuserai pas la joie de proclamer quelle grande part ont eue vos exploits à l'issue tant désirée d'une guerre longue et pénible. Combien cette joie s'augmenterait du plaisir de faire votre connaissance ! Aussi je ne saurais vous cacher mon désir de vous voir, grâce au rapprochement des distances, vous décider à un

voyage qui me fournirait l'occasion de vous té-
moigner mon admiration, ma gratitude et la profonde considération avec laquelle je vous prie
de me croire toujours votre bien affectionné

« George, prince régent. »

En conséquence, Blücher écrivit à sa femme :

« Je suis complétement rétabli. Les pieds me
démangent ici, mais, comme le roi veut que
j'aille avec lui à Londres, je ne puis fixer le
jour de mon départ. L'empereur Alexandre y
vient aussi. La ville de Londres m'a offert une
épée d'honneur, que j'irai recevoir. Celle que
m'a donnée l'empereur a été estimée 20,000
thalers par un joaillier ; j'attends encore un
sabre de Pétersbourg.

« Le nouveau roi de France est arrivé et m'a
publiquement remercié, disant que j'étais la
cause première de son rétablissement sur le
trône.

« Il est arrivé ici plus de cent Anglais, dans
le seul but de me voir et de me connaître. Le
célèbre lord Wellington est ici depuis hier et
m'a invité pour trois jours. Il faut que je prenne

bien garde à ne pas boire. Plaise à Dieu que je revienne en bonne santé à Berlin ! »

Le 3 juin, il était à Boulogne et écrivait :

« Les Anglais viennent par centaines pour me voir. Il faut que je donne la main à chacun d'eux ; les dames me font formellement la cour. C'est le plus drôle de peuple que je connaisse. »

A son arrivée à Londres, le peuple détela ses chevaux et le porta en triomphe. Pendant tout son séjour dans cette ville, il fut l'objet d'ovations enthousiastes. Le régent voulut qu'il logeât dans son palais et lui fit cadeau de son portrait enrichi de diamants. La nation anglaise et son chef montraient ainsi leur reconnaissance envers celui qui les avait délivrés du blocus continental et leur avait rendu l'empire des mers.

Le roi Frédéric-Guillaume récompensa son général, en le créant prince et en lui donnant la terre de Wahlstadt, en Silésie.

CHAPITRE CINQUIÈME.

SOMMAIRE.

Campagne de 1815 jusqu'à l'abdication de Napoléon. — Composition des armées. Blücher en Belgique. Mutinerie des Saxons. Plan de campagne de l'Empereur ; dispositions des généraux alliés. Comparaison des généraux et des armées en présence. Bataille de Ligny, bataille de Waterloo.

Le débarquement du golfe Juan (1er mars 1815) frappa le monde entier d'étonnement et le congrès de Vienne de stupeur. L'*Ogre de Corse*, échappé des rochers de l'île d'Elbe, avait, sans résistance, mis en fuite le vieux roi Bourbon. C'en était fait de la paix. La France le comprit et s'y résigna. L'Europe, réunie à Vienne, séparant encore une fois la cause de Napoléon de celle de la France, mit l'Empereur hors la loi. L'Angleterre, la Russie, l'Autriche et la Prusse s'engagèrent à consacrer tous leurs moyens « à mettre Bonaparte absolument dans l'impossibilité d'exciter des troubles et de renouveler ses tentatives pour s'emparer du suprême pouvoir en France ». Les souverains alliés montrèrent la plus grande ardeur; les peuples répondirent à leur appel avec enthousiasme. Toutes les armées de l'Europe, moins la Suède et le Portugal, mises sur le pied de guerre, se portèrent contre nos frontières.

Dès les premiers jours de juin, 800,000 étrangers menaçaient le territoire français.

C'étaient :

70,000 Austro-Sardes, sur le Var et en Savoie, sous le général Frimont.

40,000 Suisses, qui gardaient la neutralité de leurs cantons contre la France.

260,000 Autrichiens et Allemands, le long du Rhin supérieur, sous le prince Schwarzenberg.

180,000 Russes, qui se dirigeaient sur Mayence, sous le maréchal Barclay de Tolly.

En Belgique, 100,000 Anglais, Hanovriens et Hollandais, commandés par le duc de Wellington, et 140,000 Prussiens, sous les ordres du prince Blücher de Wahlstadt.

L'expérience de la dernière guerre avait dicté leur plan de campagne. Pendant que les deux grandes armées autrichienne et russe franchiraient le Rhin et se dirigeraient vers Châlons-sur-Marne, pour s'y réunir, Blücher et Wellington devaient déboucher par Maubeuge et Avesnes et marcher sur Laon.

L'objectif commun de toutes ces armées était Paris.

Le maréchal Blücher, vieux et malade, ne s'arracha pas sans regret au repos et à la vie de famille. Il s'éloignait surtout avec douleur de son bien-aimé Frantz, dont les blessures à la tête lui inspiraient les plus vives inquiétudes. Mais il se consolait dans l'espoir d'un prompt retour.

« Je suis ici, écrit-il de Liége, le 24 avril, au milieu de mes troupes, qui m'ont accueilli avec joie. L'armée est pleine d'ardeur et dans le plus bel état. Je crois que la guerre ne durera pas longtemps. »

Il raconte ensuite la mutinerie du corps saxon, qui avait été placé sous ses ordres :

« Les Saxons ont voulu me tuer. Mais sois sans inquiétude, ma tête est encore solide sur mes épaules. Je dois seulement, à mon grand regret, faire fusiller quatre hommes comme rebelles. Il faut que les Saxons apprennent à ne prononcer mon nom qu'avec respect. Je me suis livré à ces gens avec confiance, j'ai éloigné toute garde prussienne. Ils assiégeaient ma maison : si je n'avais pas agi avec résolution et pris des mesures de sûreté, j'aurais été massacré avec tout mon entourage. Mais je les tiens maintenant si serré, qu'ils ne pourront plus bouger. Si tout cela est arrivé, c'est que ce peuple était traité non-seulement sans douceur, mais encore avec dureté. »

Instruit du mécontentement de ses anciens alliés, Napoléon parut se flatter que les Saxons et d'autres peuples encore abandonneraient au premier revers les drapeaux de la coalition. Ils n'en étaient pas cependant à renouveler en notre faveur la manœuvre de Leipzig. D'ailleurs le corps saxon fut éloigné et envoyé au corps d'armée d'Allemagne du Nord, commandé par le général de Kleist.

Au commencement de juin, l'Empereur disposait d'une armée de 200,000 hommes, dont 128,000 rassemblés sur la frontière du Nord. Il résolut de prendre l'offensive avant que les coalisés eussent réuni toutes leurs forces. Les Russes ne pouvaient pas entrer en ligne avant le mois de juillet. Napoléon se proposait de porter ses troupes en Belgique par des mouvements rapides, afin de surprendre les deux armées anglo-hollandaise et prussienne, sinon dans leurs cantonnements, au moins avant leur concentration complète, de les attaquer séparément, de les battre et de les rejeter au loin. Maître de la Belgique, il comptait alors se tourner contre l'armée de Schwarzenberg.

Ce plan avait aussi l'avantage d'éloigner la guerre du territoire français.

C'était certainement, à tout considérer, le meilleur parti que l'Empereur eût à prendre.

L'armée destinée à agir sous son commandement était composée de cinq corps d'infanterie, de la garde impériale et de quatre corps de réserve de cavalerie. Le maréchal Soult en était le major général.

Le 1er juin, le 1er corps d'infanterie (d'Erlon) était à Valenciennes; le 2e (Reille), à Avesnes; le 3e (Vandamme), à Rocroi; le 4e (Gérard), à Metz; le 6e (Lobau), à Laon; la garde, à Compiègne; les quatre corps de cavalerie de Pajol, Exelmans, Kellermann et Milhaud, de Laon à

Avesnes, sous le commandement en chef du maréchal Grouchy.

Résolu de porter la guerre en Belgique, Napoléon fit mettre tous ses corps en marche, de façon à les réunir entre Sambre et Meuse, vis-à-vis de Charleroi, sur l'extrême frontière. Le 14 juin, ils étaient concentrés : la gauche à Solre-sur-Sambre, le centre à Beaumont, la droite à Philippeville. Ce même jour, l'Empereur arrivait à Beaumont, et jetait à ses soldats une ardente proclamation :

« Soldats ! disait-il... contre ces Prussiens, aujourd'hui si arrogants, à Iéna, vous étiez un contre deux, à Montmirail, un contre trois...

« Le moment est venu, pour tout Français qui a du cœur, de vaincre ou de mourir. »

En même temps l'Empereur dictait l'ordre de marche.

Les alliés avaient pris leurs dispositions pour attendre l'attaque de Napoléon, ou l'arrivée en ligne de toutes leurs forces. Maîtres des places fortes, ils occupaient : Wellington, le nord et l'ouest de la Belgique, avec Bruxelles pour quartier général ; Blücher, la partie orientale des Pays-Bas, avec Namur. Les deux armées étaient donc mieux placées pour vivre que pour se concentrer rapidement. C'était une grande faute, surtout dans un pays si riche, qui pouvait abondamment fournir aux approvisionnements d'armées considérables.

L'armée anglaise comprenait deux corps d'armée, une réserve et un corps de cavalerie. Le 1er corps (prince d'Orange) était à Mons, le 2e (Hill), à Ath ; le corps de cavalerie (Uxbridge), à Grammont ; Wellington, avec la réserve, se trouvait à Bruxelles. Le général anglais avait donc ses cantonnements disséminés sur un front de près de vingt lieues et une profondeur égale. Il lui fallait un jour de marche forcée pour concentrer la moitié de son armée sur l'aile droite ou sur l'aile gauche, et deux jours pour l'y réunir tout entière.

L'armée prussienne était divisée en quatre corps commandés par Zieten, Pirch I, Thielemann et Bülow. Les deux premiers, cantonnés de Bonne-Espérance à la Meuse, surveillaient l'espace compris entre ce fleuve et la Sambre ; le troisième était à Ciney ; le quatrième, en réserve à Liége. Blücher avait son quartier général à Namur, à 16 lieues de celui de Wellington!... Comme lui, il avait dispersé ses divisions sur un trop vaste espace. Attaqué par sa gauche ou par sa droite, il lui fallait près d'un jour et demi pour réunir ses trois premiers corps sur l'une ou l'autre aile, deux jours pour y concentrer toute son armée.

Les forces coalisées se trouvaient ainsi développées sur un front de 160 kilomètres de l'est à l'ouest, et sur une profondeur de 70 kilom.

Aussi Napoléon surprit-il les deux généraux dans une situation où ils n'étaient pas prêts à combattre. — Avertis à temps des mouvements de l'armée française, ils auraient pu cependant masser leurs forces avant qu'elle passât la frontière. Ils préférèrent rester dans leurs cantonnements jusqu'à ce qu'ils connussent positivement la ligne d'attaque.

Napoléon avait résolu de se porter au centre des positions des alliés, de les percer et de battre chacun d'eux séparément. Une fois la Sambre passée à Charleroi, il n'était plus séparé de Bruxelles que par une chaussée de 55 kilomètres, et la direction de cette route était à peu près l'axe du territoire mitoyen entre les deux armées ennemies.

Cependant, à la fin du mois de mai, Blücher et Wellington avaient eu une conférence et concerté leurs mouvements. Ils étaient convenus que, l'attaque des Français se prononçant sur la droite de l'armée prussienne ou sur la gauche de l'armée anglo-hollandaise, la première se concentrerait à Sombreffe, la deuxième aux Quatre-Bras : deux points éloignés l'un de l'autre d'une demi-marche seulement et reliés par une large chaussée.

Ils s'étaient promis, en toute circonstance, un mutuel appui.

Telles étaient les dispositions dans lesquelles 128,000 Français allaient rencontrer 230,000 Anglais et Prussiens.

Si le génie de Napoléon n'admettait pas de rival, ses deux adversaires étaient loin cependant d'être à dédaigner.

Wellington, le vainqueur de Vittoria, s'était acquis en Espagne la réputation d'un général habile et prudent. En accordant à Blücher l'audace et l'activité, le caractère de ces deux généraux semblait peu fait pour imprimer de l'unité à leurs opérations. N'envisageant que le but à atteindre, ils se donnèrent, au contraire (bel exemple à suivre), aide prompte, effective et décisive.

Quant aux armées, elles étaient dignes de se mesurer.

L'armée de Napoléon, composée de vieux soldats, était animée non-seulement de patrio- tisme et d'enthousiasme, mais d'une véritable rage contre ses ennemis.

Celle de Wellington, formée de masses hété- rogènes, ne pouvait lui être comparée ; mais elle comptait avec orgueil dans ses rangs plus de 20,000 vétérans de la Péninsule.

Quant à l'armée prussienne, elle était infé- rieure par la qualité des combattants, mais non pour l'ardeur patriotique et son amour envers son général.

La surveillance personnelle et incessante et la familiarité de ses discours donnaient à Blü- cher une influence telle que, sauf Napoléon, aucun capitaine des temps modernes n'en a exercé de semblable. Accoutumées à se voir im- poser par lui des tâches qui nécessitaient leurs efforts les plus excessifs, ses troupes trouvaient dans leur dévouement aveugle envers lui la force de les accomplir, et jamais ce dévouement ne

se révéla avec plus d'éclat que dans cette c
nière campagne. Un général que ses sold
lorsqu'il chevauchait le long des colonnes
marche, accueillaient, en lui empoignant jo
sement les jambes, avec ce salut famili
« Bonjour, père ! » pouvait exiger de ses trou
ce qu'elles n'auraient donné à aucun autre.

Voilà à quels soldats, à quels généraux
poléon avait affaire, avec une armée de m
inférieure en nombre.

Il fallait, pour réussir, déboucher viven
par Charleroi, occuper aussitôt la chaussée
conduit de Namur à Nivelles et que coupe p
que perpendiculairement aux Quatre-Bras
route de Bruxelles. Si l'on parvenait à s'en
sir promptement, les deux armées ennemie
trouvaient séparées l'une de l'autre.

Le 14, Napoléon envoya aux différents cc
l'ordre général de mouvement, qui prescri
de passer la Sambre et de se porter sur la
gauche de cette rivière.

Malgré toutes les précautions prises, l'enn
était averti depuis deux jours des mouveme
de l'armée française. Toutefois Wellington
voulut pas modifier sa position avant que l'I

pereur eût développé son plan d'attaque. Blücher, moins patient et, cette fois, plus prudent,
envoya le 14 au soir à Zieten l'ordre de céder
le terrain et de s'arrêter à Fleurus; les trois
autres corps devaient préparer leur concentration, pour se porter ensuite sur le même point.

Le 15 au matin, l'avant-garde française
(corps Reille) de la colonne de gauche donna
sur les avant-postes prussiens, les replia et les
chassa de Thuin, puis de Marchienne sur
la Sambre. Les Prussiens reculèrent jusqu'à
Gilly.

Au centre, Pajol, avec le 1er corps de cavalerie, était arrivé devant Charleroi. Bientôt ap-
puyé par la jeune garde, il enleva cette ville et
poussa l'ennemi sur les deux routes qu'il avait
devant lui, la chaussée de Bruxelles, passant
par Gosselies, Frasnes, les Quatre-Bras, Genappe et Waterloo, celle de Namur, qui traverse Gilly, Fleurus et Sombreffe.

Pendant ce temps, la droite (Gérard), partie
de Philippeville, se dirigeait vers Châtelet, village situé au-dessous de Charleroi, et s'en
emparait.

Les divisions de Zieten, obéissant aux ordres

donnés, se repliaient sans désordre sur Fleurus.

Napoléon donna l'ordre de continuer l'attaque. Le maréchal Ney, qui venait de prendre le commandement de l'aile gauche (1er et 2e corps d'infanterie), enleva Gosselies et Frasnes et replia sur les Quatre-Bras la brigade de Saxe-Weimar, qui formait l'extrême gauche de l'armée anglo-hollandaise.

Au centre, Grouchy, enfin rejoint par Vandamme, emporta les hauteurs de Gilly, défendues par une division d'infanterie prussienne, et la rejeta jusqu'au delà de Fleurus.

Les pertes des Prussiens dans ces différents combats furent de près de 2,000 hommes.

L'armée française était réunie sur la rive gauche de la Sambre.

Cependant, Zieten avait, immédiatement, averti les généraux alliés que les Français prenaient l'offensive.

« Je reçois à l'instant la nouvelle, écrit à une heure, de Namur, le maréchal Blücher, que Bonaparte a attaqué tous mes avant-postes. Je me mets en mouvement et marche à l'ennemi. Je serai heureux de livrer bataille. »

Ses ordres avaient été parfaitement exécutés par Pirch et Thielemann, dont les corps se trouvèrent réunis le 15 au soir entre Namur et Sombreffe. Bülow seul, mettant un retard blâmable à rallier ses divisions, n'avait pas encore quitté Liége.

Dans cette même soirée, Wellington s'oubliait dans un bal à Bruxelles et ne donnait que bien tard à ses troupes l'ordre de se concentrer à Enghien, Braine-le-Comte et Nivelles, et d'appuyer à gauche vers la chaussée de Charleroi.

Le 16, Napoléon faisait une nouvelle répartition de son armée : il donnait l'aile gauche au maréchal Ney, l'aile droite au maréchal Grouchy et gardait avec lui sa garde comme réserve.

Il prescrivit ensuite au maréchal Ney de marcher sur Bruxelles, pendant que Grouchy se porterait dans la direction de Sombreffe, pour y attaquer les troupes prussiennes qui s'y étaient réunies.

Blücher, posté sur les hauteurs de Ligny, attendait avec 88,000 hommes le choc de ce qu'il prenait pour l'armée française tout entière.

Wellington, arrivé le matin de Bruxelles, se rendit au village de Bry et concerta avec lui les plans de la journée. « Je viendrai, dit-il en le quittant, pourvu que je ne sois pas attaqué moi-même. » Mais, de retour aux Quatre-Bras, il trouva le prince d'Orange vivement engagé avec le maréchal Ney. Celui-ci, que le corps de d'Erlon n'avait pu rejoindre, lutta jusqu'au soir avec sa bravoure ordinaire contre les troupes anglaises sans cesse renforcées : il dut enfin se replier sur Frasnes.

Pendant ce temps, se livrait à Ligny un furieux combat.

Dès le matin, Grouchy avait fait occuper la ville de Fleurus, évacuée par l'infanterie prussienne. A une heure, Napoléon disposait l'armée de la manière suivante : Vandamme, en avant de Fleurus, ayant derrière lui la division Girard du 2ᵉ corps ; Gérard au centre ; Pajol et Exelmans à droite ; Milhaud et la garde en deuxième ligne, à hauteur de Fleurus. Le 6ᵉ corps (Lobau) avait été laissé près de Charleroi.

Au delà du plateau de Fleurus, occupé par l'armée française, le terrain se relève par une pente semblable, mais plus courte et irrégulière, séparée de la première par le ruisseau du Ligny, qui traverse le village de ce nom et les hameaux de Saint-Amand. Ces localités étaient défendues par quelques bataillons de Zieten, dont les réserves étaient en arrière à Bry et au point culminant du Bussy.

Pirch se tenait à Sombreffe, sur la chaussée de Namur à Nivelles ; Thielemann sur cette chaussée et sur celle de Charleroi. Bülow forçait la marche et s'avançait de Hannut par la voie romaine.

L'armée prussienne couvrait donc Bruxelles et se tenait en communication avec l'armée de Wellington.

A deux heures et demie, Vandamme fait attaquer le village de Saint-Amand, l'emporte et s'y maintient malgré les efforts de Blücher lui-même, qui vient animer les combattants.

Pendant ce temps, Grouchy, à droite, occupe par des démonstrations de cavalerie le général Thielemann et lui fait craindre pour la route de Namur.

Au centre, Gérard dirige l'attaque contre Ligny. La lutte atteint là le plus haut degré d'acharnement.

Blücher tente alors un vigoureux effort sur la gauche des Français, pour la déborder et saisir enfin la chaussée de Fleurus. Il échoue et revient au galop, pour soutenir son centre enfoncé par les réserves de Napoléon. Le vieux maréchal a son cheval tué ; il tombe et reste embarrassé sous sa monture. Son aide de camp, Nostitz, parvient à le dégager. Mais les Français sont au moulin de Bussy ; ils restent maîtres du plateau.

Le général Gneisenau, chef d'état-major, prenant le commandement de l'armée prussienne, fait battre en retraite dans la direction de Wavre ; Pirch et Zieten se replient sur Tilly, laissant une forte arrière-garde sur les hauteurs de Bry, et le corps de Thielemann reste à Sombreffe.

Les Prussiens avaient perdu 18,000 hommes, trente canons et plusieurs milliers de prisonniers. Pendant la nuit, 12,000 soldats environ se débandèrent et prirent la fuite vers Liége. Les Français avaient 10,000 hommes hors de combat.

La défaite des Prussiens avait entraîné la retraite de l'armée anglaise, qui alla occuper la position de Waterloo, reconnue à l'avance et choisie par lord Wellington. Le général anglais se trouvait ainsi en communication avec les Prussiens concentrés autour de Wavre. A sa demande d'assistance, Blücher avait répondu « qu'il irait le rejoindre avec son armée tout entière, et que, si l'ennemi différait l'attaque, les alliés l'attaqueraient ensemble le 19. »

Le rude échec de Ligny n'avait donc pas affaibli la confiance et l'audace du vieux hussard. Le 17, il écrivait de Wavre :

« Napoléon m'a attaqué hier à trois heures de l'après-midi avec 120,000 hommes de troupes de ligne. Le combat a duré jusqu'à la nuit. Les deux armées ont fait de grandes pertes. Aujourd'hui je me rapproche de lord Wellington, et, dans quelques jours, sans doute, nous en viendrons encore aux mains. Tout le monde est plein d'ardeur. Encore quelques batailles comme celle de Ligny, et Napoléon n'aura plus d'armée.

Avant-hier, un général de division, nommé Bourmont, est passé de mon côté avec tout son état-major ; hier, un colonel et plusieurs officiers.

Tu peux faire lire cette lettre à Berlin et ajouter que l'on aura prochainement d'autres nouvelles, car nous combattrons encore plus d'une fois avant d'arriver à Paris. Mes soldats se sont battus comme des lions; mais nous étions trop faibles : deux de mes corps n'étaient pas avec moi. J'ai maintenant rallié tout mon monde. »

Pendant que le général prussien, par une détermination hardie, abandonnait ainsi sa base d'opérations et faisait tant de sacrifices pour maintenir ses communications avec Wellington, Napoléon, quittant son quartier général de Fleurus, prescrivait au maréchal Grouchy de se porter à Gembloux, de suivre la trace de l'ennemi et de s'assurer s'il se séparait de l'armée anglaise ou s'il tentait de s'y rallier pour couvrir Bruxelles et courir la chance d'une grande bataille. Il laissait à ce maréchal les corps de Vandamme et de Gérard, avec la cavalerie d'Exelmans, la moitié de celle de Pajol et une division d'infanterie de Lobau, total : 33,000 hommes. Lui-même se porta aux Quatre-Bras et prit le commandement de l'aile gauche. Les renforts amenés par l'Empereur portaient cette fraction de l'armée à près de 72,000 hommes, avec 240 pièces de canon. Les Français atteignirent à la brune le plateau de Belle-Alliance, et prirent position en face de Wellington.

Le général anglais attendait avec calme l'attaque de son adversaire, assuré de l'excellence de sa position et du secours que lui avait promis Blücher. Napoléon, croyant n'avoir affaire qu'à des forces égales aux siennes, perdit en préparatifs la première moitié de la journée. Pendant ce temps, Bülow se mettait en marche et s'acheminait vers le plateau. Grouchy s'ébranlait à la même heure, et, informé que les Prussiens se trouvaient en grande force à Wavre, se portait sur cette ville, afin de poursuivre l'ennemi, comme il en avait reçu l'ordre.

A onze heures et demie, l'Empereur commença la lutte, en attaquant l'aile droite de l'armée anglaise à Hougoumont. L'infanterie de Reille était engagée dans un combat opiniâtre contre les défenseurs du château, quand la tête d'avant-garde de Bülow apparut sur les hauteurs de Chapelle-Saint-Lambert. Lobau fut immédiatement détaché pour l'arrêter avec

10,000 hommes. En même temps, il était ordonné à Grouchy de manœuvrer pour rejoindre la droite de l'armée. Cet ordre, malheureusement, lui parvint trop tard.

Vers une heure et demie, l'Empereur, jugeant l'ennemi suffisamment ébranlé par le feu de son artillerie, porta en avant les quatre divisions du 1er corps, pour enlever la Haie-Sainte, franchir le vallon et marcher au plateau de Mont-Saint-Jean. Si ce mouvement eût réussi, c'en était fait de l'armée anglaise. Mais l'aile gauche, commandée par Picton, résista énergiquement à toutes les attaques. Une charge de cavalerie n'eut pas plus de succès. La ferme restait encore aux mains de la défense.

Napoléon voulut en finir, avant l'entrée en ligne des troupes prussiennes. Il donna l'ordre au maréchal Ney de se porter sur le centre de l'ennemi, après avoir enlevé la Haie-Sainte. 5,000 cavaliers, conduits par Ney en personne, gravirent la pente du plateau de Mont-Saint-Jean et livrèrent un combat aussi héroïque qu'inégal.

A la gauche comme à la droite, on continuait à combattre sans faire beaucoup de progrès.

Hougoumont et Papelotte tenaient toujours.

Cependant, à quatre heures et demie, les Prussiens avaient commencé à déboucher sur le champ de bataille. Bülow engage aussitôt une lutte opiniâtre contre le faible corps de Lobau, bientôt renforcé par les divisions Duhesme et Morand de la garde. En même temps, Ney reprend une dernière charge avec 4,000 hommes de grosse cavalerie. Après des prodiges de valeur, il est encore une fois forcé d'abandonner le plateau. L'Empereur lui envoie, mais trop tard, 3,000 grenadiers et chasseurs de la garde. Ces braves eux-mêmes fléchissent sous le nombre.

Pendant ce temps, les avant-gardes de Pirch et de Zieten débouchent des bois de Paris et de Ohain. Deux divisions de Zieten se dirigent vers Belle-Alliance et enlèvent Papelotte. Blücher lui-même conduit l'attaque.

Wellington, à son tour, passant soudainement de la défensive à l'offensive, porte sa ligne en avant et rejette complétement les Français du plateau.

A Plancenoit, la position est désespérée. Deux divisions du corps de Pirch sont venues y renforcer Bülow. Déjà tournés par le mouvement de Zieten, débordés par la cavalerie du prince Guillaume, les faibles régiments de Lobau sont refoulés, après une lutte d'une énergie sauvage. Plancenoit revoit les horreurs de Ligny.

A neuf heures, toute résistance avait cessé.

Wellington par sa ténacité, Blücher surtout par son activité audacieuse, tous les deux par l'accord de leurs manœuvres, avaient remporté une victoire décisive.

Pendant cette terrible journée, Blücher s'était multiplié pour hâter la marche de ses colonnes entravée par l'incendie de Wavre, par les difficultés du passage de la Lasne, par des chemins impraticables. Du geste et de la voix, il avait excité ses soldats aux plus pénibles efforts : « Enfants ! criait-il à ses artilleurs exténués de fatigue, vous ne voudriez pas que je manquasse à ma parole ! »

A Thielemann laissé à Wavre et qui demandait des renforts, il répondait de résister comme il le pourrait. Grouchy ne parvint pas à emporter la ville.

Les Prussiens furent chargés de la poursuite;

Gneisenau la dirigea avec l'infatigable énergie que Blücher savait communiquer à tous ceux qui servaient sous ses ordres. Ils avaient perdu 7,000 hommes, dans une action qui dura à peine quatre heures.

Napoléon s'était retiré par Genappe à Charleroi et de là à Philippeville. La cavalerie prussienne poussa jusqu'à Gosselies, sabrant les malheureux fuyards.

Du champ de bataille même de Belle-Alliance, Blücher annonça sa victoire en ces termes :

« Ce que j'avais promis, je l'ai tenu. Le 16, j'avais dû céder à la force ; le 18, j'ai, de concert avec mon ami Wellington, donné le coup de grâce à Napoléon. On ne sait ce qu'il est devenu ; son armée est en pleine déroute ; son artillerie est tombée entre nos mains. On vient de m'apporter ses décorations, que l'on a trouvées dans une de ses voitures. »

Deux jours plus tard, il dictait de Gosselies les détails suivants :

« Je crois que nous ne livrerons pas de sitôt et peut-être plus de grande bataille. Jamais victoire n'a été plus décisive. Napoléon s'est échappé pendant la nuit, abandonnant son chapeau et son épée, que j'envoie aujourd'hui au roi. Sa riche garde-robe, sa voiture sont aussi entre mes mains, ainsi que la lunette dont il se servait pendant la bataille. Je veux t'expédier la voiture ; je regrette seulement qu'elle soit endommagée. Les pierreries et autres choses précieuses sont devenues la proie de nos soldats. Il n'a rien sauvé de son équipage ; maint soldat a de 5,000 à 6,000 thalers de butin. Il était en voiture pour se sauver, lorsqu'il fut surpris par nos troupes ; il sauta alors de la voiture et monta à cheval, sans épée, avec tant de précipitation, qu'il laissa tomber son chapeau. Il n'a vraisemblablement dû son salut qu'aux ténèbres de la nuit. Dieu sait où il est !

« Aujourd'hui, j'entre en France avec la plus grande partie de l'armée. Les conséquences de cette victoire sont incalculables ; elle causera, d'après moi, la chute de Napoléon, car la nation française doit le mépriser. J'espère donc que la paix en sera la suite, et qu'avec l'aide de Dieu avant l'hiver je serai près de toi. »

Le vieux Blücher prévoyait juste. Napoléon, revenu à Paris en toute hâte pour sauver sa dynastie, s'était vu contraint d'abdiquer. Un gouvernement provisoire fut institué et le pouvoir exécutif remis à une commission nommée par les Chambres. »

CHAPITRE SIXIÈME.

SOMMAIRE.

Fin de la campagne de 1815. Mort de Blücher. — Retraite de Grouchy. Demande d'armistice. Blücher et Wellington devant Paris. Capitulation. Louis XVIII à Paris. Traité de paix. Retour de Blücher en Prusse ; il se retire à Kriblowitz ; sa mort (1819).

Le lendemain de Waterloo, le maréchal Grouchy livra à Wavre un combat victorieux au général Thielemann ; puis, apprenant la défaite de l'Empereur, il battit en retraite par la vallée de la Meuse. Après avoir repoussé à Namur le général de Pirch, que Blücher avait envoyé lui couper la retraite, il parvint avec tous ses corps à Dinant et de là à Givet (21 juin). Le maréchal Soult lui prescrivit alors de se porter par Reims à Soissons. 20,000 hommes se trouvaient déjà réunis à Laon.

Mais Avesnes était tombé entre les mains des Prussiens. L'explosion d'un magasin à poudre avait suffi pour déterminer le commandant de cette place à capituler (22 juin). Ce jour-là même, les deux généraux en chef, réunis à Catillon-sur-Sambre, convinrent que leurs armées marcheraient sur Paris par la rive droite de l'Oise, pendant que des corps détachés feraient le siége des places fortes de la Sambre et de la Meuse.

C'étaient 130,000 hommes qui envahissaient le territoire français défendu par 50,000 soldats, à qui une défaite récente et l'abdication de l'Empereur ôtaient tout espoir de vaincre.

On s'était d'abord flatté que les alliés suspendraient leur marche. Le gouvernement provisoire demanda un armistice, en attendant la conclusion de la paix. Blücher fit répondre qu'il y consentait, à condition qu'on lui livrât Napoléon et qu'on lui cédât les places fortes du Nord et de l'Est.

Pour appuyer ses prétentions, il pressa la marche de ses colonnes, celle de Zieten et Thielemann sur Compiègne, celle de Bülow sur Pont-Saint-Maxence.

Le gouvernement provisoire fit une nouvelle tentative; il envoya des plénipotentiaires au général prussien.

« Je n'ai pas reçu les députés, dit Blücher.

6.

J'ai envoyé aujourd'hui Nostitz à Laon, pour leur demander qu'on me livre Bonaparte mort ou vif et qu'on me remette les forteresses de la Sambre et de la Meuse. Je ne traiterai qu'à ces conditions.

« Je marche droit sur Paris. Il faut battre le fer quand il est chaud. »

Le maréchal demandait de plus qu'une partie du territoire fût occupée et que la France payât les frais de la guerre.

Quant à Napoléon, il le mettait hors la loi.

« Si Bonaparte m'est livré, écrivait-il à Wellington, je le ferai supplicier à la place même où a été fusillé le duc d'Enghien. »

Et à sa femme :

« Il est possible et très-vraisemblable que Bonaparte me sera livré. Je ne pourrai faire mieux que le faire fusiller : je rendrai par là un grand service à l'humanité... A Paris, tout le monde l'abandonne ; il est haï et méprisé de tous. »

S'inquiétant peu de la lenteur du général anglais, qui ne partageait pas son impatiente ardeur et n'était encore qu'à Péronne, Blücher entrait le 26 juin à Compiègne. Il n'était plus qu'à vingt-cinq lieues de Paris.

La petite armée française se trouvait alors concentrée sur le flanc gauche des Prussiens, à Soissons, sous les ordres du maréchal Grouchy, à qui le gouvernement provisoire venait de donner le commandement en chef, avec ordre de ramener l'armée sur Paris.

Il était temps de battre en retraite. Déjà Zieten, suivi par Thielemann, avait passé l'Oise à Compiègne, Bülow à Pont-Saint-Maxence. D'Erlon se heurta contre l'avant-garde de Zieten à Compiègne, se replia sur Senlis, où il rencontra les Prussiens qui venaient de Creil, et appuya alors vers Mont-l'Évêque, protégeant ainsi la gauche et les derrières de l'armée. Grouchy, attaqué à Villers-Cotterets par une division de Zieten, la repoussa vigoureusement, puis, continuant sa retraite par Nanteuil et Dammartin, parvint le soir devant Paris.

Le lendemain, 29 juin, Reille, d'Erlon, la garde, prirent position au nord de la ville, dans les lignes construites pour sa défense; Vandamme alla occuper les hauteurs de Mont-rouge.

Blücher avait déjà son quartier général à Gonesse.

Cependant, ceux-là même qui gouvernaient la France songeaient bien moins à en défendre la capitale, qu'à poursuivre la réussite de leurs projets personnels. Fouché, président de la commission exécutive, fit nommer le maréchal Davout commandant en chef de l'armée, espérant l'entraîner dans sa défection. Il fut décidé que les approches seules de Paris seraient défendues par les troupes de ligne et que la garde nationale, sous les ordres de Masséna, maintiendrait la tranquillité intérieure. Une nouvelle demande d'armistice fut enfin adressée aux généraux alliés.

Malgré les défaillances et la tiédeur d'un petit nombre, l'esprit des troupes était excellent. Le 30 au matin, le village d'Aubervilliers avait été emporté par les Prussiens. Mais la résistance opiniâtre de nos soldats et la reconnaissance de nos retranchements avaient convaincu Blücher, qu'il serait bien difficile de forcer la ligne de défense. D'accord avec Wellington, il résolut de tourner ses attaques contre la partie sud de Paris, qui était restée sans fortifications.

« Wellington et moi, écrit-il ce jour même, nous avons conféré ensemble, dans le but de terminer toute cette affaire....

La nuit dernière, j'avais envoyé ton frère enlever Bonaparte, qui se trouvait à la Malmaison. Le coup aurait peut-être réussi, mais le pont avait été brûlé (1). Cependant Colomb a fait une belle expédition et pris le pont de Saint-Germain, que l'ennemi allait détruire. »

Grâce, en effet, à la surprise du pont du Pecq, Blücher allait pouvoir exécuter son plan, qui était de porter son armée sur la rive gauche de la Seine et d'investir Paris par le sud, pendant que l'armée anglaise viendrait s'établir à sa place devant les retranchements du nord.

En conséquence, Thielemann, précédé de la brigade de cavalerie de Sohr, se dirigea sur Saint-Germain ; Zieten marcha sur le village de Maisons. Le lendemain, 1er juillet, Bülow suivit à son tour par Argenteuil. L'avant-garde anglaise atteignait le Bourget.

Pendant qu'un grand conseil de guerre déli-

---

(1) Le pont de Bezons.

bérait à Paris si l'on devait capituler ou se défendre, le général Exelmans, à la tête d'un
corps nombreux de cavalerie, avait été dirigé
sur Versailles par l'ordre de Vandamme. Après
avoir envoyé la brigade de cavalerie légère du
général Piré avec un bataillon d'infanterie à
Rocquencourt, pour y préparer une embuscade,
il prit lui-même la route de Plessis-Piquet et
rencontra à Vélizy la colonne prussienne de
Sohr. Celle-ci fut vivement culbutée, rejetée
sur Versailles et de là sur Rocquencourt, où
elle tomba dans l'embuscade du général Piré.
Le quart à peine de ces malheureux cavaliers
parvint à s'échapper.

Exelmans, continuant son mouvement en
avant, vint bientôt se heurter contre l'infanterie
du général Thielemann : il rentra dans ses cantonnements de Montrouge. Les corps de Vandamme, qui devaient le soutenir, avaient été
immobilisés par l'ordre de Davout.

Un second conseil de guerre, composé d'officiers généraux, fut alors assemblé, et le résultat
de leurs délibérations fut tel, que Fouché et ses
collègues du pouvoir exécutif conclurent à une
capitulation immédiate. Ils envoyèrent au ma-

réchal Davout l'autorisation de la solliciter.

Blücher avait déjà refusé tout accommodement avant d'être entré dans Paris. Pendant que les Anglais achevaient de se concentrer dans la plaine de Saint-Denis, son armée continuait son mouvement vers le sud. Elle s'avançait sur deux colonnes : à gauche, Zieten se dirigeant par Ville-d'Avray, Sèvres, Meudon ; à droite, Thielemann, par Rocquencourt, Versailles et Vélizy, suivi par le corps de Bülow. Sèvres, les Moulineaux, Meudon, Issy furent successivement enlevés aux Français. Une tentative pour reprendre ce dernier village échoua le lendemain, 3 juillet. A huit heures du matin, le feu cessa. Paris était livré sans résistance.

« J'attends en ce moment, écrit Blücher de Saint-Cloud, les généraux et les cinq députés des Chambres françaises pour signer la capitulation. Hier encore, dans l'après-midi, l'ennemi m'attaqua, mais il fut repoussé après une lutte opiniâtre ; ce matin, à trois heures, il reprit l'offensive, sans plus de succès que la veille. A huit heures, un général français (1) vint me

______

(1) Le général Tromelin.

proposer la capitulation de Paris sous conditions : je fis prier le duc de Wellington d'assister à la conférence.

« J'ai perdu hier et aujourd'hui 3,000 hommes, j'espère que ce seront les derniers de cette campagne. Je suis las et dégoûté de ces tueries. »

La conférence de Saint-Cloud aboutit à une capitulation pure et simple de Paris, à qui l'on garantit le respect des personnes et des propriétés ; l'armée dut, dans un délai de trois jours, se retirer derrière la Loire.

« Paris est à moi, dit Blücher ; l'armée française se rend derrière la Loire et la ville m'est remise. Je dois ce résultat à la bravoure incroyable et à la ténacité sans exemple de mes troupes ainsi qu'à ma volonté de fer. Les représentations et les lamentations n'ont pas manqué, mais j'ai été sourd. Je sais par expérience qu'on ne recueille bien les fruits d'une victoire qu'en en poussant les conséquences jusqu'au bout.... »

Le 6 juillet, les alliés prirent possession des faubourgs de Paris, pendant que les dernières colonnes françaises prenaient le chemin de la

Loire, suivies par les avant-gardes et la cavalerie de réserve des 3e et 4e corps prussiens. Le 1er occupa la capitale conquise et Blücher y entra le 7. La nuit suivante, un détachement prussien pénétra aux Tuileries et en chassa les collègues de Fouché au pouvoir exécutif.

Louis XVIII fit son entrée dans Paris, où le général en chef prussien lui avait créé une situation bien difficile. Blücher le savait : il avait agi contre les intentions des souverains, disposés, comme le lui disait Wellington, à épargner la capitale de leur allié et à ne pas même entrer dans la ville.

Aussi écrit-il de Paris, le 9 :

« Je suis bien portant, mais extrêmement mécontent : j'aurai bien des ennuis. Les Français sont d'une bassesse dégoûtante. Louis XVIII est de retour à Paris. Mais je suis bien certain que, si nous nous en allons, il n'y restera pas trois jours. »

Blücher méconnaissait la fermeté et l'habileté politique du roi de France, qui avait la tâche ardue de défendre contre ses alliés de la veille le territoire de ses États et les intérêts de ses sujets. Louis XVIII sut, en effet, persuader aux souverains qu'ils ne pouvaient, sans porter une atteinte mortelle à son autorité, exiger des conditions trop dures. Il alla plus loin : « Je croyais, dit-il au czar et à lord Wellington, en rentrant en France, régner sur le royaume de mes pères. Il paraît que je me suis trompé : je ne saurais cependant rester qu'à ce prix. » Alexandre, ému, promit de s'opposer au démembrement de la France.

En présence des exigences des uns et des refus du roi, les négociations ne pouvaient qu'être longues et difficiles.

Blücher ne comprenait rien ou ne voulait rien comprendre à ces raisons de préservation des droits des souverains. Revenu à Paris pour la fête du roi de Prusse : « Je retourne, dit-il, à Rambouillet, car tous les cabinets sont contre moi. »

Il avait tout d'abord exigé de la ville de Paris une contribution de guerre de cent millions de francs, des vêtements neufs pour la troupe avec deux mois de solde, et de plus 50 thalers de gratification par officier subalterne. Ces demandes exorbitantes furent écartées, grâce à l'empereur Alexandre.

Mais Blücher avait gagné sa bataille d'Iéna,

il prétendait avoir son Tilsitt. Il voulait que la Prusse fût payée des immenses sacrifices qu'elle s'était imposés dans la *guerre de l'Indépendance*. Il demandait le démembrement de plusieurs de nos provinces. Le temps n'était plus où cet ardent amant de la paix aurait, comme il l'avait dit à Nancy, tant fait pour l'obtenir. Peu lui importait que Napoléon eût disparu de la scène du monde. C'était la France qui avait triomphé en 1806, c'était la France qu'il fallait abattre en 1815. « Vous verrez, disait-il, que j'aurai fait tuer 25,000 hommes, sans que nous en retirions le plus petit bénéfice... On ne s'entend pas plus à Paris qu'à Vienne. »

Qu'il eût ou non ramené à ses idées le roi de Prusse et l'empereur d'Autriche, toujours est-il que le maréchal quitta Paris et transporta son quartier général à Caen, « ne voulant pas se brouiller avec les ministres étrangers et les ministres prussiens eux-mêmes. »

Il eût vivement désiré rentrer à Berlin et prendre un repos qui lui était bien nécessaire. Le roi ne le lui permit pas, tant que l'armée prussienne, forte alors de 150,000 hommes, occuperait le territoire français.

La paix fut enfin signée. Dix-huit forteresses gardées pendant trois ans par 150,000 Anglais et Allemands entretenus par la France ; une contribution de guerre d'un milliard ; notre ancienne frontière entamée ; un demi-million de Français retranchés de la patrie : telles étaient les conditions imposées par l'étranger.

« Paix mal assise et sans doute de courte durée, » disait Blücher, dont elle ne satisfaisait pas les appétits et les secrètes espérances. Mé-content de la part faite à son pays, il voyait tout en noir et jurait de ne plus se mêler de rien. Mais l'œuvre du vieux maréchal était terminée : il ne lui restait plus qu'à jouir en paix de ses victoires et de la haute fortune qu'il avait si bien méritée.

Si les souverains blâmèrent le patriotisme égaré de celui qui voulait faire sauter le pont d'Iéna et renverser la colonne Vendôme, ils ne pouvaient oublier le vieillard intrépide qui, mé-prisant la douleur, avait si vaillamment payé de sa personne de Lützen à Waterloo. Le régent d'Angleterre lui envoya l'ordre du Bain, dis-tinction que n'avait encore obtenue aucun étranger, et le pressa encore une fois de faire le voyage de Londres. Quant au roi de Prusse, il voulut récompenser par une faveur insigne les services éminents de son général et lui donner une marque toute particulière de sa reconnaissance. Il lui fit présent d'une grande étoile d'or au centre de laquelle était une croix de fer (1).

Blücher reçut en outre 50,000 thalers et trois villages qui agrandirent sa principauté de Wahlstadt, en Silésie. Après sa mort, une pension de 6,000 thalers était assurée à sa femme.

Il lui fut enfin permis de partir : il était temps. Les fatigues de la dernière campagne avaient épuisé le reste de ses forces. C'est en malade qu'il traversa l'Allemagne, au milieu des ovations et de l'enthousiasme des populations. Il n'arriva à Berlin que le 21 janvier 1816, deux mois après son départ de Paris. Fatigué des réceptions et des fêtes, il ne tarda pas à se retirer dans ses terres de Silésie, pour y goûter les douceurs du repos et les délices de

---

(1) Voir à la fin de l'ouvrage une note sur la croix de Fer.

7.

la vie de famille. A partir de ce moment, le vieux maréchal quitta peu son château de Kriblowitz, qu'il affectionnait particulièrement. Il y vécut, comme autrefois, sans luxe et sans éclat, adonné aux soins de l'agriculture, au milieu de ses parents et de ses amis.

Mais, tourmenté par la maladie, il dut faire, chaque année, le voyage de Carlsbad. Il y rencontra l'ex-reine de Westphalie, femme de Jérôme Bonaparte, et la duchesse de Piombino, la propre sœur de l'infortuné monarque à la chute duquel il avait eu tant de part. La déplorable destinée de son ennemi avait sans doute désarmé sa haine. Il approchait d'ailleurs du moment où tout chrétien pardonne afin qu'il lui soit pardonné.

A la fin du mois d'août 1819, le malade sentit ses forces l'abandonner. Son moral n'en fut pas atteint. Calme et tranquille devant la mort, comme il l'avait été devant la mitraille : « Vous avez beaucoup appris de moi, dit-il à son aide de camp Nostitz, apprenez maintenant comment on meurt. »

Le roi Frédéric-Guillaume, alors en Silésie, s'empressa d'aller visiter son vieux et fidèle serviteur, et voulut lui donner quelques consolations : il parlait à un moribond. Quelques jours après, le 12 septembre, le héros de la *guerre de l'Indépendance* expira doucement, après avoir serré les mains de sa femme, de son fidèle Nostitz et de son médecin Bieske, les yeux fixés sur le portrait de son bien-aimé Frantz.

Il emportait l'amour du peuple, qui le regardait comme le défenseur de la vraie liberté, l'amour de l'armée, dont il personnifiait les gloires.

Après avoir rendu l'indépendance à son pays, il lui avait procuré la paix. Le traité de Paris ne donnait pas à la Prusse une situation géographique et politique en rapport avec les prodigieux sacrifices qu'elle s'était imposés avec enthousiasme. Mais elle avait fait un grand pas dans la voie qu'elle s'était tracée, et l'esprit du maréchal Vorwärts, passant de génération en génération, servit de guide à ses trop heureux descendants.

« Puisse le nom de Blücher, écrivait le *Correspondant de Hambourg*, en 1819, nous unir éternellement, afin que le héros, qui a si souvent bravé la mort pour défendre sa patrie, remporte par là, dans la tombe, une éclatante et dernière victoire ! »

N'oublions pas que Blücher avait dit aussi, à une fête anniversaire de Waterloo :

« Malheur au prince, malheur au peuple, qui entreprend, par pure ambition, une guerre injuste ! »

NOTE SUR LA CROIX DE FER.

La croix de Fer fut instituée, le 10 mars 1813, par Frédéric-Guillaume III.

« En présence des grands événements dont dépend le salut de la patrie, dit le roi de Prusse dans l'acte d'institution, l'enthousiasme viril qui transporte la nation mérite qu'un monument particulier l'honore et l'éternise. »

Le roi Guillaume la rétablit le 19 juillet 1870, après avoir reçu la déclaration de guerre de la France et s'être agenouillé sur les tombeaux de ses parents. Cette date se trouvait être, en même temps, l'anniversaire de la mort de la reine Louise, comme la première était celle de sa naissance. Le roi dessina lui-même la nouvelle croix, sur laquelle furent gravées les deux dates mémorables : 1813 et 1870.

En 1870, celui qui reçut le premier la croix de 1re classe fut le général de Steinmetz, qui avait déjà obtenu la 2e classe dans les guerres de l'Indépendance. Sept personnages seulement possèdent actuellement la grand'croix. Ce sont : le prince-royal Frédéric-Guillaume, le prince

Frédéric-Charles, le prince royal de Saxe (actuellement roi de Saxe), le comte de Moltke, le baron de Manteuffel, les généraux de Göben et de Werder.

Les grands-croix de la première création étaient : le général feld-maréchal prince de Blücher, le général comte de Bülow, le prince royal de Suède (Bernadotte), le général comte de Tauentzien et le feld-maréchal comte d'York. Blücher reçut, pour la bataille de Belle-Alliance, une plaque particulière de cet ordre avec des rayons d'or.

En 1813-1815, plus de 15,000 officiers et soldats reçurent la croix de Fer; en 1870, environ 60,000. Il est vrai que le nombre des troupes engagées fut, dans la dernière campagne, de trois à quatre fois plus grand que pendant la guerre de l'Indépendance.

A la croix de 1re classe est attribuée une pension annuelle et viagère de 150 thalers; à celle de 2e classe, une de 50 thalers.

(*La Croix de fer*, — par le général-lieutenant baron de Troschke.)

FIN.

TABLE DES MATIÈRES.

CHAPITRE QUATRIÈME.

(Page 54.)

CHAPITRE CINQUIÈME.

(Page 74.)

CHAPITRE SIXIÈME.

(Page 100.)

Paris. — Imprimerie de J. DUMAINE, rue Christine, 2.